Code

A B C D E F G H I J K L M

16 F	4 U	7 R	11 N	10 I	15 S	13 H		19 Z	8 E	17 A	24 H	3 O	4 U	15 S
7 R		17 A	10 I	12 D	8 E			17 A	20 P	8 E	X	18		8 E
8 E	17 A	1 G	24 H	8 E	25 T	15 S		20 P	7 R	8 E	12 D	10 I	14 C	25 T
8 E	1 G	1 G		17 A	25 T	8 E		3 O	24 H	12 D		12 D	3 O	25 T
2 W	8 E	8 E	20 P		15 S	17 A	26 V	8 E	15 S		16 F	10 I	7 R	8 E
17 A	12 D	12 D	8 E	12 D		5 M	17 A	25 T		2 W	10 I	15 S	8 E	7 R
22 Y		22 Y	17 A	7 R	12 D		11 N		9 B	3 O	11 N	8 E		15 S
			17 A	10 I	24 H		17 A	4 U	21 K					
23 Q		25 T	17 A	5 M	8 E		6 J		15 S	8 E	7 R	16 F		7 R
4 U	15 S	8 E	7 R	15 S		9 B	17 A	13 H		11 N	3 O	10 I	15 S	8 E
17 A	20 P	15 S	8 E		15 S	30	9 B	17 A	7 R		8 E	12 D	10 I	25 T
7 R	4 U	25 T		17 A	11 N	22 Y		7 R	3 O	9 B		1 G	11 N	4 U
25 T	7 R	8 E	9 B	24 H	8 E	15 S		7 R	3 O	8 E	12 D	8 E	8 E	7 R
8 E		7 R	10 I	25 T	8 E			15 S	24 H	3 O	25 T			11 N
7 R	8 E	15 S	25 T	3 O	7 R	8 E		17 A	25 T	25 T	8 E	15 S	25 T	15 S

N O P Q R S T U V W X Y Z

REFERENCE GRID

| 1 G | 2 W | 3 O | 4 U | 5 M | 6 | 7 R | 8 E | 9 B | 10 | 11 N | 12 D | 13 H |
| 14 C | 15 S | 16 F | 17 A | 18 | 19 | 20 P | 21 K | 22 Y | 23 | 24 H | 25 T | 26 V |

Codebreak

A B C D E F G H I J K L M

12	13 A	24	17	18 R	1 I	11	10 G		16	13 A	21	21	13 A	22
13 A		11 I		17		8 O				7		17		13 A
3	13 A	10 G	13 A	7	8 O	11	14		25	4	1 I	22	17	23
1 I		4		1 I		13 A		13 A		8 O		24		17
11 G	13 A	24 T	9 E	18 R	13 A	23 N		11	13 A	18 R	18 R	8 O	12 W	22 S
10		22		24		25		24		22		8 O		26 M
			25	4	13 A	8 O	24	1 I	25		8 O	11	25	17
7 I		2		22		4		25		13 A		22		11
13 A	10 G	9 E	17 S		6 Z	8 O	8 O	23 L	8 O	13 G	15 Y			
18 R		13 A		7		23				10 G		22		13 A
8 O	18 R	1 I	10 G	13 A	26 M	1 I		26 M	13 A	18 R	19	17	18 R	22
11 C		11		19		25		13 A		1		5		1 I
17 S	1 I	24	4	17	18 R		17	20	25	17	5	24	17	14
22		17		18 R			17		3		17			17
22	24 T	18 R	17	22	22		13 A	22	7	17	22	24	8 O	22

N O P Q R S T U V W X Y Z

REFERENCE GRID

1 I	2	3	4	5	6	7	8 O	9 E	10 G	11 C	12	13 A
14	15	16	17 S	18 R	19	20	21	22	23 N	24	25	26 M

JUDY GARLAND SONG

22	8	26	17	12	4	17	18	17	■	8	3	17	18
■	24	4	17	■	18	13	1	11	7	8	12	■	■

④ Codebreak

A B C D E F G H I J K L M

A	B	C	D	E	F	G	H	I	J	K	L	M
	2	10	21		18			17 (O)		13	17 (O)	8
5		16	10	24	10	16	12	25	15 (R)	10	4	14
11	19	19	25		22	9	19	5	21	21	15	10 / 17 (O)
17 (O)	9	11			17 (O)	20				19	24	19
	11		14	5	21	12	25	10	26	21		17 (O)
23	19	15	17 (O)		15	19	5	9	20		3	17 (O) / 15 / 11
	15 (R)	19	19	2	19	11		19	20	22	17 (O)	11 / 1
		13			5				19		17 (O)	
	25	19	15	6 (U)	12	19		6 (U)	26	21	15 (R)	6 (U) / 19
13	10	15 (R)	19		17	20	19	26	12		6 (U) / 15 (R)	4 / 19
	7		11	6 (U)	26	19		12	19	19	26		4
16	6	11			26		6 (U)				25 (B)	19 / 3
15 (R)	19	19	11		5	11	17 (O)	15 (R)	19		20 / 17 (O)	11 / 19
1		22	5	12	10	12		19	5	4	19 / 15 (R)		21
	12	21	1		9			15 (R)		21	19 (N)	5

N O P Q R S T U V W X Y Z

REFERENCE GRID

1	2	3	4	5	6 (U)	7	8	9	10	11	12	13
14	15 (R)	16	17 (O)	18	19 (N)	20	21	22	23	24	25 (B)	26

Codebreak ③

When you have completed this puzzle, transfer the letters to the grid below to reveal Arthur's magic sword in Arthurian legend.

A B C D E F G H I J K L M

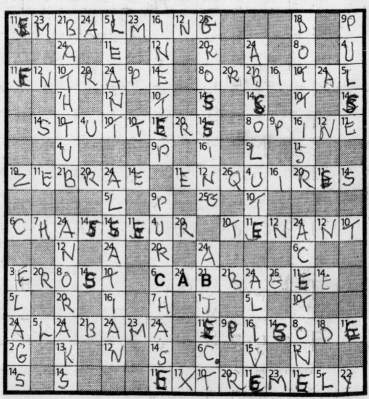

N O P Q R S T U V W X Y Z

REFERENCE GRID

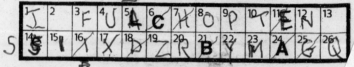

MAGIC SWORD

11	17	6	24	5	16	21	4	20
E	X	C	A	L	I	B	U	R

Codebreak (5)

When you have completed this puzzle, transfer the letters to the grid below to reveal a painting by Frans Hals.

A B C D E F G H I J K L M

12 (A)	23 (B)	20 (N)	25 (R)	19	4	12	10	18	14	24		6 · · 2
	12		11		2		25		2	16	18	20 (N) · 17
26	15	21	2	4	12	14	18	1	2	6		26 · · 15
	7		20 (N)		6		20 (N)		20 (N)		12	15 · 21 · 2
8		18			25			12			25	· 9
19 (R)	3 (U)	20 (N)	6	25	22	20 (N)		12	13	12	18	20 (N) · 26 · 14
12		5			26	2	20 (N)	26	2			14 · · 18
15	21	3 (U)	4			19 (R)		21			26	18 · 10 · 25
14		18			18	11	18	2	26			20 (N) · · 20
18	20 (N)	26	9	18	19 (R)	2		26	12	14	26	3 (U) · 4 · 12 (R)
25		18			7				11			2 · · 10
3	20 (N)	14	25		26		18		12		9	· 2
26		25		15	25	12	26	14	13	3 (U)	12	19 · 6 · 26
10	12	19 (R)	6		4		10		2		20 (N)	· 13
24		26		20 (N)	2	15	2	26	26	18	14	18 · 2 · 26

N O P Q R S T U V W X Y Z

REFERENCE GRID

1	2	3	4	5	6	7	8	9	10	11	12	13
		U									A	
14	15	16	17	18	19	20	21	22	23	24	25	26
					R	N			B			

PAINTING

10	12	3	13	21	18	20	13	■
15	12	11	12	10	18	2	19	■

6 Codebreak

A B C D E F G H I J K L M

	2		17		8	26	15	15	2		13		12	
7	5	14	10	15		5	26	1		23	24	17	15	17
	15	26	26		17	10	5	2	9		6	24	1	
6	16	15	24	13	4		12		24	16	14	21	1	17
	17		9	18	5		10			19	14	1		9
3		24		24	10	15		24	17	17		11		17
26	15	21	24	16		16	24	20		10	26	5	10	4
18	26	15		15	24	26	16	9			25	24	26	
10 (T)	24 (A)	1 (N)	21	9		10	15	15		17	24	6	26	15
15		10		15	19	15		17	24	12		18		3
	2		24	3	15		8		16	14	15		15	
26	15	23	14	17	15		5		24	1	1	15	20	15
	13	24	26		12	18	1	2	17		24	21	15	
22	18	1	15	2		24	21	18		17	13	18	26	15
	9		2		6	26	14	21	17		10		10	

N O P Q R S T U V W X Y Z

REFERENCE GRID

1 N	2	3	4	5	6	7	8	9	10 T	11	12	13
14	15	16	17	18	19	20	21	22	23	24 A	25	26

Codebreak (7)

A B C D E F G H I J K L M

	7	11	25	4	20	12		19	18	14	26	18	13	
12		16	18	11	25				2	26	16	14		18
20	25	18	21	5	11	22		21	26	16	12	11	18	25
21	18	6	21		5	13	20	18	5		20	5	26	11
11	16	5	9		20	18	13	25	21		13	18	13	20
14	20	25		18		10	20	5		8		5	18	16
16		15	9	12	20	25		21	11	20	1		20	21
			10	9	4			25	20	11				
17		13	20	6	20	25		18	25	12	20	13		2
26	21	20		5		20	18	13		21		20	14	9
20	18	21	20		3	18	23	20	21		10	18	13	16
18	1	20	13		20	1	20	16	5		20	25	18	16
21	20	13	13	18	5	20		18 **A**	11 **I**	13 **R**	25	11	16	20
15		1	9	25	20			25	18	21	5			5
	8	20	13	20	21	15		24	20	6	8	15	13	

N O P Q R S T U V W X Y Z

REFERENCE GRID

1	2	3	4	5	6	7	8	9	10	11 **I**	12	13 **R**
14	15	16	17	18 **A**	19	20	21	22	23	24	25	26

Codebreak

When you have completed this puzzle, transfer the letters to the grid below to reveal a constellation and sign of the zodiac.

A B C D E F G H I J K L M

5	25	26 (M)	12 (E)	5 (T)	17	9	16	12	6	▓	5	25	18	18
12	▓	25		17		3		20	▓	23		1	▓	17
17	1	1	22	16	▓	12	16	12	11	21	17	1	5	23
24	▓	25		16		17		23	▓	15		12		5
21	17	26	26	15	24	2	23	▓	23	20	12	3	7	12
▓		25		20		6		23	▓	12		▓		1
21	17	19	12	▓	26	15	7	12	▓	3	25	18	16	12
17	▓	12		3		20		14	▓	23		15		3
16	17	6	16	12	▓	1	15	22	1	▓	17	3	24	23
5		▓		18		23		12	▓	24		5		
25	26	11	15	3	5		12	1	13	15	8	25	1	4
1	▓	15		17		7		5	▓	26		5		3
4	17	16	16	25	11	15	16	25	▓	12	10	22	6	12
16	▓	2		1		16		17	▓	6		6		12
8	12	17	3	▓	6	12	11	16	15	8	26	12	1	5

N O P Q R S T U V W X Y Z

REFERENCE GRID

1	2	3	4	5 (T)	6	7	8	9	10	11	12 (E)	13
14	15	16	17	18	19	20	21	22	23	24	25	26 (M)

ZODIAC SIGN

23	17	4	25	5	5	17	3	25	22	23

A	B	C	D	E	F	G	H	I	J	K	L	M
2		6		9	12	15	5	2	19	18		7
21	17	21	19		5		21		10		16	25
23	25	19	26		1	15	25	10	6		19	2
	7		19	16	15	2		25	15	1	19	
	22		18	7	10	15	25	15	2	7	14	
4	19	26		3		5	19	10		20		6
12	5	15	10		7	23	25	19	19		5	19
11		19	21	5	18		19		19	8	19	25
21	23	14	19		16	19	11	7	14		3	21
18	7	11		7		14	21	10		7		5
	22		7	2	2	21	18	10(T)	15(I)	5(N)	23	
	19		14	19	7	16		7	5	10	19	
7	17	19	10		1	19	7	25	18		25	21
18	21	14	21		19		14		19		24	15
18		4		15	18	21	14	7	10	19		14

N O P Q R S T U V W X Y Z

REFERENCE GRID

1	2	3	4	5 N	6	7	8	9	10 T	11	12	13
14	15 I	16	17	18	19	20	21	22	23	24	25	26

Codebreak

When you have completed this puzzle, transfer the letters to the grid below to reveal a book by John Lennon.

A B C D E F G H I J K L M

5	11	9	16	26	22	17	5	▓	22	20	23	22	16	8
24	▓	16	▓	22	▓	19	▓	▓	▓	23	▓	23	▓	5
13	22	15	18	25	22	23	22	▓	25	5	22	17	4	5
16	▓	5	▓	25	▓	17	▓	1	▓	11	▓	7	▓	23
3	5	23	23	22	13	5	▓	5	11	2	18	1	5	26
5	▓	26	▓	3	▓	19	▓	3	▓	18	▓	5	▓	10
▓	▓	3	14	19	7	17	14	3	▓	22	11	3	16
6	▓	25	▓	26	▓	26	▓	1S	▓	22	▓	3	▓	11
7	11	16	3	▓	22	11	19	8	16	2	5	▓	▓
16	▓	25	▓	25	▓	5	▓	16	▓	16	▓	21	▓	5
13	22	4	4	19	7	26	▓	13	19	1	25	22	3	26
10	▓	16	▓	22	▓	26	▓	22	▓	7	▓	12	▓	15
5	11	13	22	26	5	▓	13	14	19	3	14	16	5	23
11	▓	22	▓	3	▓	▓	4	▓	14	▓	11	▓	16
26	15	4	22	26	14	▓	5	18	5	26	16	17	14	3

N O P Q R S T U V W X Y Z

(grid letters entered: N O D)

REFERENCE GRID

1	2	3	4	5	6	7	8	9	10	11	12	13
							D			N		
14	15	16	17	18	19	20	21	22	23	24	25	26
					O							

BOOK

22	▓	26	15	22	11	16	22	23	8	▓	▓	▓
16	11	▓	3	14	5	▓	12	19	23	10	26	▓

Codebreak ⑪

A B C D E F G H I J K L M

A	B	C	D	E	F	G	H	I	J	K	L	M
	17		4	21	7	16	3	26	3	10	26	17
22	14	2	3		14		5		18	14	20	14 · 12
21	20	3	25		24	3	14	10	1		1 · 21	18 · 3
15		12	14	20	24		25		14	16	1 · 3	26
	18		18	21	3		3		26	3	3	16
26	3	14	1 (S)	3 (E)	26 (T)	1		14	6	14	24 · 3	14 · 1
21	16	26		8		4	21	24		4	11	24 · 24
23		21	16	3	18	14		26	18	3	10 · 25	21
9	18	10		13		24	11	3		14	3 · 14	26
3	12	3	1	21	18	3		18	3	8	11 · 18	26 · 19
	3		21	10	3		4		3	24	7	3
14		4	18	3	20		24		18	3	14 · 7	1
18	21	14	18		14	24	11	8	11		13 · 21	10 · 3
26	11	25	3		18		7		3		3 · 16	3 · 3
	24		24	14	25	12	8	11	18	25	1	26

N O P Q R S T U V W X Y Z

REFERENCE GRID

1	2	3	4	5	6	7	8	9	10	11	12	13
S		E										
14	15	16	17	18	19	20	21	22	23	24	25	26
												T

⑫ Codebreak

When you have completed this puzzle, transfer the letters to the grid below to reveal an actress who starred in Educating Rita.

A B C D E F G H I J K L M

20	16	7	20	5	2		14	13	13	3	23	14	11	2
16		15		23			23		16		13		6
3	16	20	19	20	2	5		2	16	11	23	2	14	11
16		16		9		2		7		8		11		23
5	8	5	1	2		19	14	11	2		1	14	21	14
14		21			21				5		11		7
11	23	2	22	12	21	2		23	20	8	11	2	5	
2				14		13		2		17			20
	7	18	3	20	23	11		19	23	2	7	26	2	16
2		3		11			20			8		11
7	4	20	5		8	25	2	16		12	14	7	11	2
11		2		8		2		2		2		11		23
26 H	14 A	11 T	13	26	2	5		5	2	1	23	14	5	2
2		2		20		14			20		1		7
23	14	16	5	8	22	21	24		20	16	10	2	13	11

N O P Q R S T U V W X Y Z

REFERENCE GRID

1	2	3	4	5	6	7	8	9	10	11 T	12	13
14 A	15	16	17	18	19	20	21	22	23	24	25	26 H

ACTRESS

10	3	21	20	2	■	15	14	21	11	2	23	7

Codebreak

A B C D E F G H I J K L M

20		26	6	23		6		19		3	15	22		8
16	20	20		15	16	4	19	16	11	12		19	15	5
21		19	25	24		4		3		20	19	24		19
12		17	15	13	19		19		19	3	15	24		11
22	19	15	16		24 T	19 A	25 P	15	5		3	20	11	18
20	23	20		3	20	4	20	16	11	20		5	6	20
13	20	5	14	20		4		17		17	15	13	15	24
	13		20	22	8	5	6	15	3	20	5		16	
1	6	24	24	6		6		24		5	20	14	19	1
20	22	2		16	2	16	16	20	5	12		19	14	6
13	20	16	24		13	24	2	3	12		25	5	20	12
13		16	6	3	20		8		20	1	19	16		19
6		20	14	6		7		1		6	16	20		1
16	15	1		13	10	2	20	19	18	13		24	6	24
13		13	26	20		24		9		20	16	13		12

N O P Q R S T U V W X Y Z

REFERENCE GRID

1	2	3	4	5	6	7	8	9	10	11	12	13
14	15	16	17	18	19 A	20	21	22	23	24 T	25 P	26

14 Codebreak

A B C D E F G H I J K L M

8	17	24	6	17	16	26		16	21	4	8	26	17	8
17				21	17	8	15	18	17	16				17
24			2	18	8	17		11	4	5	17			2
6		9		26	4	22	18	25	11	16		20		17
18	19	17	1		5		15		8		14	17	17	8
17	8 R	4		26	7	18	17	23	17	16		3	18	17
21	18 I	3	17	16		8		17		20	13	10	11	17
	11 G		11	4	3	4		25	17	17	10		7	
26	4	19	13	8		26		13		4	10	18	26	16
13	25	17		16	26	17	4	21	17	8		26	7	12
4	10	10	16		17		16		3		25	17	16	16
16		16		5	8	17	16	16	17	16		21		26
26			11	4	8	19		17	23	17	8			17
17				3	13	19	16	26	17	8				21
10	4	25	15	17	8	16		16	25	17	17	9	17	16

N O P Q R S T U V W X Y Z

REFERENCE GRID

1	2	3	4	5	6	7	8 R	9	10	11 G	12	13
14	15	16	17	18 I	19	20	21	22	23	24	25	26

Codebreak ⑮

When you have completed this puzzle, transfer the letters to the grid below to reveal a Brigitte Bardot film.

A B C D E F G H I J K L M

A	B	C	D	E	F	G	H	I	J	K	L	M		
25	8	16	16	21	3	17	7	▓	1	8	5	5	19	4
3	▓	19	▓	8	▓	8	▓	▓	17	▓	8	▓		19
2	18	8	21	13	8	4	18	▓	2	18	14	10	6	2
23	▓	21	▓	20	▓	6	▓	5	▓	19	▓	18		22
8	26	14	7	19	19	▓	23	14	14	17	5	19	8	23
21	▓	18	▓	4	▓	23	▓	25	▓	17	▓	4		3
▓	▓	▓	14	2	2	3	15	3	10	8	18	3	14	17
8	▓	9	▓	▓	2	▓	10	▓	▓	8	▓	7		
15	21	22	14	4	19	2	10	19	17	10	19	▓		
15	▓	8	▓	19	▓	3	▓	2	▓	8	▓	25		10
3	17	24	8	2	3	14	17	▓	8	17	7	3	17	8
4	▓	19	▓	12	▓	17	▓	15	▓	24	▓	2		22
23	14	4	18	8	21	▓	12	19	11	8	7	14	17	2
19	▓	19	▓	26	▓	▓	18	▓	2	▓	13	▓		19
25	14	25	7	19	25	▓	4	19	8	2 S	0 O	17 N	19	25

N O P Q R S T U V W X Y Z

REFERENCE GRID

1	2 S	3	4	5	6	7	8	9	10	11	12	13
14 O	15	16	17 N	18	19	20	21	22	23	24	25	26

FILM

8	17	25	■	7	14	25	■	10	4	19	8	18	19	25
■	13	14	23	8	17	■	■	■	■	■	■	■	■	■

16 Codebreak

A B C D E F G H I J K L M

1	2	3	4	5	6	7	8	9	10	11	12	13	14	15
	21		14	6	5	17	26	14	24	5	15		3	
8	24	19	19	23	15	10		6	5	2	6	18	25	15
	13		14	22	15	12		2	15	12	5		3	
14	8	15	18		4		11		4		15	17	25	26
23	15	16	15	10		10	14	15		5	23	12	23	12
15	10	15		15	23	15	7	6	18	17		10	15	4
6		18		16	3	6 (A)		10	12	15		15		10
18			19	3	18	25 (C)		5	23	15	4			6
4		9		16	15	17 (T)		26	14	8		6		18
15	10	6		6	18	15	13	14	18	15		10	6	7
10	15	7	6	23		4	14	17		18	14	3	5	15
5	15	15	18		20		9		25		7	6	23	6
	2		18	14	24	18		23	6	3	10		15	
8	15	17	24	18	3	6		6	18	18	15	1	15	4
	4		23	15	18	7	17	26	15	18	5		8	

N O P Q R S T U V W X Y Z

REFERENCE GRID

1	2	3	4	5	6	7	8	9	10	11	12	13
					A							

14	15	16	17	18	19	20	21	22	23	24	25	26
			T								C	

Codebreak ⑰

When you have completed this puzzle, transfer the letters to the grid below to reveal one of the West Indian islands.

A B C D E F G H I J K L M

22	17	13	6	25	21	4	13	4		18	1	26	26	21
6		1		14		6		21			6			15
4	1	22	24	14	26	13	21	25	18		4	19	1	15
15		1		3		1		14		16		13		14
6	2	20	14	4		15	14	8	21	25	3	21	25	18
		6				3		4		14		23		1
5	6	15	10(Z)	21(I)	19(P)	6	25		15	14	23	14	6	20
17				25		11		12		20				6
13	15	1	5	19	4		26	20	6	4	4	21	14	15
9		4		1		6		14				20		
14	7	1	21	13	6	22	20	14		13	1	20	21	19
15		15		4		22		26		9		21		17
21	26	14	3		15	14	4	21	3	14	25	26	14	4
25		15				11		25		15		21		14
18	6	4	4	11		4	14	18	5	14	25	13	14	3

N O P Q R S T U V W X Y Z

REFERENCE GRID

1	2	3	4	5	6	7	8	9	10 (Z)	11	12	13
14	15	16	17	18	19 (P)	20	21 (I)	22	23	24	25	26

ISLAND

13	15	21	25	21	3	6	3

⑱ Codebreak

A B C D E F G H I J K L M

22	17	16	18	1		18	17	4		1	22	25	1	18
1	7	3		2	17	4	12	5	1	22		17	7	7
18	12	17	22	1		17	22	1		22	19 R	15 O	1 D	19
4	19	10		22	1	10	1	25	4	18		16	12	1
18	5	1	15		8		18		1		17	22	4	18
	19			19	8	16		26	17	20			1	
21	7	19	2		18	19	7	17	22		15	17	15	19
17		24	17	4		4	17	13		6	16	13		17
22	1	17	15		2	17	11	1	18		25	1	18	4
	11			5	17	18		18	16	13			14	
8	17	12	23		22		22		25		18	12	9	4
1	3	9		9	25	15	1	22	10	19		19	17	22
24	16	22	9	18		17	10	17		2	5	17	7	1
1	25	18		1	17	22	17	12	5	1		4	19	1
7	1	1	23	18		1	7	23		18	4	16	22	18

N O P Q R S T U V W X Y Z

REFERENCE GRID

1	2	3	4	5	6	7	8	9	10	11	12	13
14	15 D	16	17	18	19 O	20	21	22 R	23	24	25	26

Codebreak (19)

When you have completed this puzzle, transfer the letters to the grid below to reveal a Victor Hugo novel.

A B C D E F G H I J K L M

	12	15	11	4 (T)	6 (A)	22 (P)	26	13	8	4	8	26	20	
	20		5		6		18		26		22			
10	6	21	7	18	9	13		16	6	25	7	8	13	5
15		6			13		8		18		20			6
1	6	20	21	18	24		6	10	26	9	4	8	17	18
1		20		18		6		9			26			16
14	1	2	18	9		13	25	18	18	4	18	20		26
8			8		13		17		26					3
3		22	9	18	21	18	24	18		19	15	18	1	1
5		6			13		13		15		16			26
4	6	9	4	20	18	13	13		10	18	24	6	15	10
18		6		26		16		5			20			8
9	6	3	4	8	16	18		6	10	13	4	6	8	20
	26		13		20		23		7		4			
6	20	6	18	13	4	5	18	4	8	13	18	24		

N O P Q R S T U V W X Y Z

REFERENCE GRID

1	2	3	4 (T)	5	6 (A)	7	8	9	10	11	12	13
14	15	16	17	18	19	20	21	22 (P)	23	24	25	26

NOVEL

4	5	18	■	5	15	20	21	5	10	6	21	7	■
26	14	■	20	26	4	9	18	■	24	6	16	18	■

Codebreak

20

A B C D E F G H I J K L M

A	B	C	D	E	F	G	H	I	J	K	L	M
░	20	░	24	15	4	8	7	26	23	19	17	17
19	7	17	░	4	23	3	░	2	3	10	░	10	14	10
2	22	9	░	11	19	2	17	11	10	16	░	12	2	7
26	░	7	16	23	░	9	░	25	░	17	10	10	░	17
11	2	13	░	░	23	17	2	10	3	░	░	4	15	11
░	░	10	░	░	19	░	░	░	15	░	░	11	░	░
3	10	17	15	22	10	16	░	2	4	18	15	17	10	16
2	░	░	░	23	░	15	3	4	░	10	░	░	░	3
24	3	7	12	7	16	23	░	4	10	19	17	24	23	21
░	░	22	░	░	21	░	░	░	10	░	░	3	░	░
1	2	9	░	░	10	6	15	7	26	░	░	2	26	26
23	░	10	8	23	░	15	░	19	░	10	3	8	░	21
4	23	3	░	7	26	2	8	4	10	16	░	25	10	4
10	12	10	░	17	2	3	░	10	3	10	░	11	7	5
░	7	░	7	11	11	10	4	16	7	4	11	░	11	░

(The grid also shows the letters **S U M** filled in at code numbers 17, 15, 22.)

N O P Q R S T U V W X Y Z

REFERENCE GRID

1	2	3	4	5	6	7	8	9	10	11	12	13
14	15 U	16	17 S	18	19	20	21	22 M	23	24	25	26

Codebreak ㉑

When you have completed this puzzle, transfer the letters to the grid below to reveal a guitarist with the *Rolling Stones*.

A B C D E F G H I J K L M

20	9	19	14	10	1	15	6	20		13	7	5	24	9
13		6		13			21		14		26		15
11	4	13	9	9	24	26		1	21	13	23	15	6	20
4		9		24		13			3		11		15
11	15	14	24	6		5 T	24 O	9 R	14	21	6	5	21	2
	21		21		21		21				21		6
11	13	2		11	5	9	21	11	11		15	2	1	21
18			11		25		24		5				11
24	16	21	6		12	13	20	19	13	9		18	15	11
24		6				1		6		13		21		
5	9	13	17	21	1	1	21	2		6	24	9	14	13
15		14		2			21		22		21		15
6	21	24	1	15	5	18		2	24	19	10	5	21	2
20		19		25		15			15		15		21
11	24	9	9	8		11	13	1	5	1	15	7	23	11

N O P Q R S T U V W X Y Z

REFERENCE GRID

1	2	3	4	5 T	6	7	8	9 R	10	11	12	13
14	15	16	17	18	19	20	21	22	23	24 O	25	26

GUITARIST

23	21	15	5	18	■	9	15	7	18	13	9	2	11

Codebreak

	A	B	C	D	E	F	G	H	I	J	K	L	M
	12	4	11	24	14	3	■	22	■	2	23	8	14
	26	8	12	8	13	■	21	11	6	■	13	9 (W)	5 (A)
	8	17	1	10	5	■	5	15	8	■	1	26	22
	21	■	■	10	5	24	■	8	26	15	■	■	■
	1	16	1	■	■	18	1	1	13	1	■	6	5
	■	11	6	17	■	5	13	13	1	14	■	25	23
	8	24	1	■	25	■	■	14	■	20	■	13	14
	23	■	10	1	26	5	19	5	14	11	8	24	13
	14	8	18	■	7	■	■	14	■	22	11	1	10
	■	15	1	9	■	8	22	1	13	1	■	17	26
	25	1	15	■	■	21	1	13	14	5	■	13	1
	1	■	■	■	1	5	14	■	8	10	22	■	■
	24	1	9	1	26	■	1	10	10	■	5	10	11
	12	10	11	1	13	■	26	11	1	■	22	5	10
	1	5	18	26	1	13	■	18	■	10	1	18	1

N O P Q R S T U V W X Y Z

REFERENCE GRID

1	2	3	4	5 (A)	6	7	8	9 (W)	10	11	12	13
14	15	16	17	18 (G)	19	20	21	22	23	24	25	26

Codebreak ㉓

A B C D E F G H I J K L M

16	7	1	19	■	6	4	18	17	7	■	25	4	23	19
4	■	8	23	22	■	20	■	12	■	17	4	13	■	7
18	23	13	19	■	7	13	1	9	19	■	23	19	9	18
8	24	24	22	9	24	■	9	■	9	13	2	7	20	9
■	9	■	9	■	24	20	8	21	13	■	3	■	4	■
19	8	13	■	1	■	23	■	23	■	9	■	1	16	8
8	22	9	20	19	9	24	■	19	8	17	22	9	19	1
4	■	21	7	20	9	■	■	16	7	7	20	■	■	16
16 P	23 I	9 E	17	8	22	24	■	14	9	13	19	23	22	9
9	20	20	■	21	■	4	■	9	■	12	■	5	8	13
■	8	■	8	■	8	7	20	19	8	■	11	■	10	■
1	19	4	13	19	1	■	8	■	4	13	9	26	9	13
19	9	20	13	■	3	8	12	8	3	■	20	23	24	9
7	■	14	9	18	■	14	■	20	■	21	7	13	■	15
8	16	9	15	■	11	7	1	19	1	■	13	9	21	19

N O P Q R S T U V W X Y Z

REFERENCE GRID

1	2	3	4	5	6	7	8	9 E	10	11	12	13
14	15	16 P	17	18	19	20	21	22	23 I	24	25	26

	A	B	C	D	E	F	G	H	I	J	K	L	M
	14	3	16	13	23		2		4	21	3	13	23
	1		23		11	6	21		21		17		3
	6		22		6		3	17	17	1	22		16
	19	11	3	4	16		26		3		3	10	4
	11		4		17		6	10	15	16	18		21
	21	6	16	21	21	14		8		11	6	21	8
		21		25		21	20	1		5		25	
	6	3	4 **R**	10		21		17	21	3	8	21	4
	3		3 **A**	17	10	7	21		26		21		21
	9	3	16 **T**		26		20		24	21	5	4	3
	3		16	10	20	21	4		18		16		4
	4		17		1		21	17	14		1		21
	10	26	21	12	16		16		21	4	4	21	8

N O P Q R S T U V W X Y Z

REFERENCE GRID

1	2	3 **A**	4 **R**	5	6	7	8	9	10	11	12	13
14	15	16 **T**	17	18	19	20	21	22	23	24	25	26

Codebreak (25)

A B C D E F G H I J K L M

6	14	23	26	21	11	26	9	■	23	14	21	21	14	8
2	■	14	■	12	■	7	■	■	■	21	■	11	■	12
14	10	7	11	9	20 (T)	25 (I)	4 (C)	■	14	4	20	26	14	21
7	■	8	■	9	■	21	■	6	■	11	■	7	■	26
4	19	25	24	12	2	14	■	2	14	5	14	10	12	8
9	■	20	■	7	■	20	■	25	■	12	■	12	■	25
■	■	■	23	12	3	12	15	12	21	■	10	2	25	7
14	■	8	■	8	■	2	■	7	■	14	■	9	■	10
16	26	25	17	■	13	14	8	8	11	4	1	■	■	■
26	■	24	■	4	■	21	■	21	■	4	■	24	■	20
14	13	13	14	2	12	21	■	25	8	11	21	25	17	12
21	■	21	■	■	25	■	22	■	7	■	26	■	20	■	7
26	7	25	11	7	9	■	20	12	18	20	26	2	12	8
7	■	7	■	■	10	■	■	9	■	2	■	12	■	12
10	14	10	10	12	8	■	14	9	9	12	9	9	12	8

N O P Q R S T U V W X Y Z

REFERENCE GRID

1	2	3	4 C	5	6	7	8	9	10	11	12	13
14	15	16	17	18	19	20 T	21	22	23	24	25 I	26

26 Codebreak

A B C D E F G H I J K L M

A	B	C	D	E	F	G	H	I	J	K	L	M
	10	4	16	4	5	23		5	17	4	15	3	4
26		13		18	25	4		25	21	26		2		7
21	9	4		4	2	14	2 N	25 O	23 T	4		8	10	4
12		10			4		21		4			23		4
23	25	1	7			21	20	4			16	4	10	26
21			21	22	4	6		19	4	23	4			4
2	3	19	11		13	4	2	3	4		7	23	8	10
		25	11	25	4				9	21	23	4		
23	3	11	21			12	25	20			4	21	10	9
4			23	8	14	4		4	19	8	10			21
21	10	5	17		25	24	25	2	4		7	17	25	23
24		10			19		10		23			21		4
4	10	21		11	21	23	23	9	4	7		10	3	2
9		5		21	8	10		21	10	4		4		23
	7	26	8	2	2	1		22	7	21	9	19	7	

N O P Q R S T U V W X Y Z

REFERENCE GRID

1	2 N	3	4	5	6	7	8	9	10	11	12	13
14	15	16	17	18	19	20	21	22	23 T	24	25 O	26

Codebreak (27)

A B C D E F G H I J K L M

22	20	15	17	13	9	22		22	17	12	8	15	13	24
26		26			25	8	19	26	22			22		9
8		18	8	26	8	13		10	22	22	15	9		17
8	6	8	26	9		1	10	4		8	13	18	9	13
6			9	19	9		26		8	19	26			14
9	14	2			18	9	5	8	13			18	13	24
		13	10	26	25		21		5	17	2	9		
4	13	9	12	17	10	14		22	21	10	9	14	18	22
		1	24	4	9		23		17	13	9	17		
11	15	22			22	1	17 (A)	10 (I)	13 (R)			24	17	3
17			8	17	1		6		18	8	1			17
26	9	17	13	22		2	9	18		13	8	1	8	13
7		4	9	3	8	9		17	23	11	9	13		17
8		9			15	26	10	1	9			17		1
22	9	16	1	9	1	22		17	26	17	14	24	22	9

N O P Q R S T U V W X Y Z

REFERENCE GRID

1	2	3	4	5	6	7	8	9	10	11	12	13
									I			R
14	15	16	17	18	19	20	21	22	23	24	25	26
			A									

28 Codebreak

When you have completed this puzzle, transfer the letters to the grid below to reveal a jazz saxophonist who was nicknamed 'Bird'.

A B C D E F G H I J K L M

19	20	25	13	17	25	9	25	23	▓	22	13	25	20
6	▓	3	▓	11	▓	7	▓	15	▓	6	▓	14	▓
25	3	4	15	16	25	20	▓	13	16	15	1 (P)	25 (E)	9 (N)	23
26	▓	6	▓	25	▓	23	▓	11	▓	21	▓	4	▓	7
▓	12	22	15	20	8	15	25	20	▓	20	22	15	9	24
13	▓	23	▓		▓	4	▓	20	▓	25	▓	11	▓	24
16	17	25	15	20	13	▓	14	11	13	16	15	6	6	25
22	▓		▓	7	▓	4	▓	18	▓	16	▓		▓	23
23	15	4	16	11	16	7	20	▓	10	7	5	15	11	6
25	▓	6	▓	23	▓	2	▓	23	▓		▓	13	▓	18
9	7	7	8	13	▓	14	20	7	5	15	13	7	13	▓
16	▓	22	▓	16	▓	25	▓	1	▓	13	▓	21	▓	2
13	11	23	23	25	13	16	▓	25	9	13	6	11	5	25
▓	25	▓	20	▓	25	▓	9	▓	22	▓	20	▓	9
21	15	23	25	▓	23	15	13	14	25	9	13	25	23

N O P Q R S T U V W X Y Z

REFERENCE GRID

1	2	3	4	5	6	7	8	9 N	10	11	12	13
14 P	15	16	17	18	19	20	21	22	23	24	25 E	26

SAXOPHONIST

| 4 | 17 | 11 | 20 | 6 | 15 | 25 | ■ | 14 | 11 | 20 | 8 | 25 | 20 |

Codebreak ㉙

A B C D E F G H I J K L M

3		5	7	6		7		2		5	22	11		11
11	13	6	11		19	11	5	20	18		20	9	6	24
19 (B)	12 (O)	11 (A)	13	2	6	13		16	12	14	22	6	23	6
	16		22	13	6	14	20	6	13	6	5		7	
6	26	6		15			9			1		19	11	13
13	6	18	23			11	9	22			1	11	18	6
12	2	2		7	11	5		20	16	15		18	6	23
2		9	6	11	2	5		4	8	6	6	18		13
20	13	6		23	12	6		8	13	18		6	17	6
18	6	5	23			23	6	6			11	13	20	11
21	11	5		13			13			11		5	11	23
	9		16	12	7	6	13	6	18	16	6		19	
10	9	6	6	16	6	2		2	6	23	11	20	9	5
6	15	6	2		13	11	18	21	6		23	13	6	6
25		9	6	21		14		6		11	5	26		1

N O P Q R S T U V W X Y Z

REFERENCE GRID

1	2	3	4	5	6	7	8	9	10	11	12	13
										A	O	
14	15	16	17	18	19	20	21	22	23	24	25	26
					B							

Codebreak

A B C D E F G H I J K L M

A	B	C	D	E	F	G	H	I	J	K	L	M
9	2	14	21	19	16	18	6	7	16	1	25	10
	3		18		2		7		2	4	11	13 18
10	12	2	1	1	15	26	5	15	21	23	7	24
	7		5		12		1		10	26	16	18 24
19		15		14			17			11		18
2	13	24	15	16	2	12		19	7	20	7	12 7 13
12		2		5	7	2	16	1		18		15
11	16	23	7		2		7		19	11	1	22
1		15		19	16	18	2	13		1		15
22	7	21	1	15	18	21		13	7	20	2	12 11 7
16		2		11		19		5		1
2	21	22	7	21		19	2		23	17
13		15	2	10	10	7	21	22	11	2	22	7 13
7	23	18	1	7		12	7		8	2
1		21	**A**	13 **D**	18 **O**	12	7	1	10	7	21	22 1

N O P Q R S T U V W X Y Z

REFERENCE GRID

1	2 **A**	3	4	5	6	7	8	9	10	11	12	13 **D**
14	15	16	17	18 **O**	19	20	21	22	23	24	25	26

Codebreak 31

A B C D E F G H I J K L M

15	13	26	24	8	23		4		4	19	11	21	10	14
20		24		10	14	15	20	10	23	15		13		4
9	4	10	6	15	8		24		3	4	9 **B**	10 **I**	14 **T**	23
6		13	10	6		15	22	15		23	10	14		14
15			15	25	25	8		5	15	15	25			15
20	24	2			16	15	7	15	16			24	25	25
	4	16	10	23	15	23		23	21	9	25	21	15	
23	14	10	16		4				25		10	14	19	3
	15	20	15	13	25	23		14	10	13	25	15	16	
24	13	15			15	20	20	15	14			16	8	15
12			6	10	25	24		13	15	5	23			13
8		7	24	16		18	24	14		24	4	16		17
18	6	24	9	4	6		12		4	16	14	15	16	8
15		21		14	4	1	15	16	13	23		4		20
13	21	16	23	15	25		13		14	15	20	2	6	15

N O P Q R S T U V W X Y Z

REFERENCE GRID

1	2	3	4	5	6	7	8	9 **B**	10 **I**	11	12	13
14 **T**	15	16	17	18	19	20	21	22	23	24	25	26

32 Codebreak

Letters across the top of the grid: **A B C D E F G H I J K L M**

Letters below the grid: **N O P Q R S T U V W X Y Z**

Main grid (columns A–M):

A	B	C	D	E	F	G	H	I	J	K	L	M
5	14	22	26	1	23	16	10	5			1	9
	5		18		5		26		20		18	18
12	18	15	16	24	1	5	1	23	4	12	24	18
		18		2		4		1		16	23	19
1	23	18	26	1	25	22	24	24	26	4	23	5
		18			11		18		18		18	
21	22	1	1	24	18	23 (R)	26 (A)	10 (N)	5	25	4	13
			26		3		11	21				
2	18	26	23	1	23	16	9	6	18	2	2	18
		3		11		10	17			18		
5	10	26	4	24	5	15	22	2	2	4	10	7
16		8		4		2	3		26		1	
9	23	4	21	19	24	18	9	26	9	18	23	18
9		10		18		23	18			18		4
11		7		5	2	23	26	1	1	24	18	1

REFERENCE GRID

1	2	3	4	5	6	7	8	9	10 N	11	12	13
14	15	16	17	18	19	20	21	22	23 R	24	25	26 A

Codebreak ㉝

A B C D E F G H I J K L M

	4		18	25	23	12		3	20	13	12		13	
17	13	3	26		13	23	3	17	13		25	1	23	13
12	13	16	3	16	24	5		14	3	18	12 (T)	3 (A)	16 (N)	17
3	22	13	11		13		3		1		13	15	13	17
12		6		3	16	16	7	3	26	17		13		3
21	24	21	13	17	12		20		13	6	22	26	25	5
24	26	3	6	17		9	23	5		25	3	17	12	17
	3		20	13	8		21		24	25	8		10	
3	17	12	13	23		18	13	19		12	23	13	13	17
17	10	25	23	12	17		12		17	10	13	23	23	5
24		16		17	2	7	21	23	12	17		23		17
13	1	1	17		7		3		25		8	3	18	12
16	13	7	12	23	3	26		13	16	12	21	12	26	13
12	23	13	5		8	21	23	1	13		6	3	21	6
	6		13	26	17	13		25	8	8	17		22	

N O P Q R S T U V W X Y Z

REFERENCE GRID

1	2	3 A	4	5	6	7	8	9	10	11	12 T	13
14	15	16 N	17	18	19	20	21	22	23	24	25	26

㉞ Codebreak

When you have completed this puzzle, transfer the letters to the grid below to reveal a famous landmark.

A B C D E F G H I J K L M

13	12	16	26	9	17	1	13	24	6	13		14		25
	16		24		10		25		15		2	16	1	1
6	26	5	6	16	21	25	7	13	6	20		25		26
	7		22		26		18		4		1	26	25	7
14		26			5				1			24		25
17	6	6	16	25	13	10		11	13	17	4	13	25	20
21		13			5	17	6 A	13 E	25			13		5
14	17	14	18			26	C	17			26	25	1	13
15		5			25	1	16	5	7			21		17
15	14	13	25	26	20	18		18	17	5	10	17	5	21
3		17			18			19			24			25
1	26	4	13		5		8		13		24		19	
26		13		7	13	5	26	7	17	20	13	20	26	6
24	15	5	21		24		14		24		23		5	
19		25		10	13	20	13	25	20	17	20	26	15	24

N O P Q R S T U V W X Y Z

REFERENCE GRID

1	2	3	4	5	6 C	7	8	9	10	11	12	13 E
14	15	16	17 A	18	19	20	21	22	23	24	25	26

LANDMARK

20	22	13	■	1	13	17	24	26	24	19	■	■	■
20	15	11	13	5	■	15	2	■	7	26	25	17	■

Codebreak 35

A B C D E F G H I J K L M

	17	3	1	21	13				23	4	19	23	9	
26	14	23		1	12	21		1	10	23		3	12	9
6	2	1	19	9	25		12		2	3	9	12	21	16
2	19	5			25	16	5	1	3			9	23	5
1	5	9	23		1	2	11	12	9		3	23	26	26
15			19			19	23	11			1			12
18	1	22 Y	1 A	18 K	26		13		8	1	17	18	1	3
		23		12	3	3	23	4	1	3		12		
20	16	9	1	5	22		5		19	23	5	5	23	9
1			15			1	11	16			23			14
12	17	16	5		9	19	23	15	26		9	1	13	23
3	16	13			26	23	5	5	1			4	23	21
23	5	12	4	21	1		9		7	1	21	12	5	23
11	23	5		16	19	23		14	23	19		3	1	11
	26	23	23	13	26				19	23	24	23	3	

N O P Q R S T U V W X Y Z

REFERENCE GRID

1 A	2	3	4	5	6	7	8	9	10	11	12	13
14	15	16	17	18 K	19	20	21	22 Y	23	24	25	26

36 Codebreak

When you have completed this puzzle, transfer the letters to the grid below to reveal the capital of Denmark.

A B C D E F G H I J K L M

4	8	26	13	1	8	1	8	9		10	7	12	1	13
8		13		8			7		7			4		19
7	2	19	7	25	1	22		17	15	1	5	5	4	25
22		12		4		13				3		7		6
25	19	8	4	12		12	4	24	5	4	22	25	13	12
		4		7		12		12				4		4
17	20	14		22	5	4	16	4	12		1	21	4	7
5			25		22		4		21					15
13	23	4	17		17	25	4	12	4	13		1	25	17
6		8			4			7		13		8		
6	4	21	12	1	21	21	4	8		12	4	24	4	12
4		23		16			9		17		4		1	
12	4	7	17	13	8	17		4	8	25	4	12	4	21
4		14		12		1			4		8		9	
21	19	17 S	25 T	14 Y		11	14	5	13	20	18	13	8	4

N O P Q R S T U V W X Y Z

REFERENCE GRID

1	2	3	4	5	6	7	8	9	10	11	12	13
14 Y	15	16	17 S	18	19	20	21	22	23	24	25 T	26

CAPITAL OF DENMARK

22	13	20	4	8	18	7	9	4	8

A B C D E F G H I J K L M

17	7	9	2	16	▓	6	9	20	▓	10	26	19	22	4
7	▓	10	▓	20	5	10	▓	17	20	16	▓	12	▓	16
21	7	14	▓	3	7	2	2	10	9	16	▓	22	17	10
20	▓	20	▓	7	15	20	▓	3	10	7	▓	24	▓	19
3	20	1	10	9	▓	9	▓	20	▓	11	22	10	3	2
10	9	10	▓	13	7	16	24	10	▓	▓	2	19	20	
▓	7	▓	10	18	10	▓	7	▓	14	20	5	▓	9	▓
16	12	19	23	▓	7	8	19	9	10	▓	10	25	22	24
▓	15	▓	23	7	9	▓	17	▓	12	19	24	▓	2	▓
3	10	22	▓	24	5	10	10	2	▓	▓	7	3	10	
7	16	16	10	24	▓	7	▓	16	▓	17	7	3	11	25
23	▓	16	▓	10	3	6	▓	17	7	9	▓	24	▓	20
10	14	19	▓	12 N	22 I	24 T	9	7	24	10	▓	10	12	2
3	▓	10	▓	16	10	10	▓	4	10	4	▓	9	▓	19
16	22	2	3	10	▓	2	11	10	▓	24	10	16	24	16

N O P Q R S T U V W X Y Z

REFERENCE GRID

1	2	3	4	5	6	7	8	9	10	11	12 N	13
14	15	16	17	18	19	20	21	22 I	23	24 T	25	26

Codebreak

A B C D E F G H I J K L M

A	B	C	D	E	F	G	H	I	J	K	L	M
7	15	10	12	14	7	2	22	24	10	2		21		10
	7		10		6		9		6		4	2	20	16
10	25	16	22	9 (R)	10 (A)	18 (T)	22	20	12	25		22		17
	18		2		12		25		7		25	18	10	9
4		10			10			25			3		20
9	7	24	10	12	18	25		25	18	10	24	19	7	13
7		17			7	12	7	6	23			9		22
5	1	22	3		20		7			19	22	25	25
1		7		25	8	7	2	2			7		22
7	12	15	22	20	1	25		2	10	25	10	14	12	10
12		7			21			11			25		24
18	20	6	21		26		17		12		7		10
22		7		25	7	13	22	6	7	12	18	10	9	23
12	20	12	7		24		12		25		1		22
14		18		25	18	10	18	22	25	18	22	24	10	2

N O P Q R S T U V W X Y Z

REFERENCE GRID

1	2	3	4	5	6	7	8	9 R	10 A	11	12	13
14	15	16	17	18 T	19	20	21	22	23	24	25	26

Codebreak ③⑨

A   B   C   D   E   F   G   H   I   J   K   L   M

A	B	C	D	E	F	G	H	I	J	K	L	M
	10		1		26	12	7	24	14		7	8
3	22	14	5	26		22		5		19	24	7
	15		7	17	24 (R)	22 (O)	10 (B)	7	1	20	17	20
19	9	18		7		19		9		5	20	17
	26	5	9	9	26		6		10	9	7	6
7		26		16	9	5	7	26	5	2	8	26
25	20	1	5		7	6	21	9	5	21	4	26
4		5		7	6	1		7	17	1	20	5
26	7	24	20		1	5	6	1	12	4	24	21
5		2		16	5	24	4	26	5	2	20	24
	13	7	9	20	2		10		26	7	20	6
15	7	18		16		25		19		23	21	4
	26		2	5	13	5	9	22	16	5	24	9
24	5	19	5	24		1		22		2	7	13
	26		6		1	5	11	1	26		15	16

N   O   P   Q   R   S   T   U   V   W   X   Y   Z

REFERENCE GRID

1	2	3	4	5	6	7	8	9	10	11	12	13
									B			

14	15	16	17	18	19	20	21	22	23	24	25	26
								O		R		

Codebreak

When you have completed this puzzle, transfer the letters to the grid below to reveal an Italian cheese often used on pizzas.

A B C D E F G H I J K L M

26	21	25	10	8	21		2	6	1	8	2	8	21	26
1		7		5			5		10		1		5	
18	7	13	26	2	12	18		1	25	20	7	11	18	21
8		26		9		22		13		18		11		2
21	11	2	8	21		7	13	26	10		24	2	5	25
13		13			2				14		6		18	
26	5	21	18	18	21	5		8	5	10	4	21	11	
18			2		21		10		3				18	
	18	20	1	8	21	26		20	5	21	17	21	13	8
9		11		21			20				25		2	
2	16	2	5		15	21	2	11		8	7	19	21	5
18		9		16		21		21		7		5		8
8	5	2	4	11 (L)	21	5		26	21	16	11	2	8	21
11		8		1 (I)		1			8		9		5	
21	23	21	25	20 (P)	8	21	26		7	18	24	21	5	18

N O P Q R S T U V W X Y Z

REFERENCE GRID

1 I	2	3	4	5	6	7	8	9	10	11 L	12	13
14	15	16	17	18	19	20 P	21	22	23	24	25	26

ITALIAN CHEESE

25	10	15	15	2	5	21	11	11	2

Codebreak (41)

A B C D E F G H I J K L M

■	23	■	10	9	1	9	22	12	26	9	11	■	9	■
23	26	25	12	18	9	■	12	■	23	4	12	13	5	3
■	4	■	25	18	9	26	9	19	10	9	11	■	5	■
20	9	11	■	26	■	3	■	23	■	11	■	16	9	19
12	11	9	23	■	14	18	23	24	9	■	21	23	11	9
7	■	20	12	18	■	9	22	9	■	14	23	18	■	15
26	10 (T)	2 (Y)	1	9	26	■	9	■	5	9	18	9	10	26
■	15	■	■	25	1	23	19	10	9	11	■	■	12	■
14	3	19	22	9	2	■	7	■	7	9	2	26	9	18
1	■	3	12	1	■	26	9	15	■	26	9	10	■	9
23	8	17	23	■	12	19	11	9	6	■	10	3	18	19
25	17	19	■	20	■	17	■	26	■	23	■	25	9	10
■	23	■	14	3	13	5	23	10	23	19	10	■	22	■
4	12	13	3	19	3	■	6	■	14	3	3	1	9	18
■	1	■	26	10	23	10	9	13	9	19	10	■	1	■

(Given letters in the grid: 26 = S, 10 = T, 2 = Y)

N O P Q R S T U V W X Y Z

REFERENCE GRID

1	2	3	4	5	6	7	8	9	10	11	12	13
	Y								T			

14	15	16	17	18	19	20	21	22	23	24	25	26
												S

42 Codebreak

A B C D E F G H I J K L M

A	B	C	D	E	F	G	H	I	J	K	L	M		
23	11	11	6		11	24	24	8	21		19	16	1	1
16			8	16	10	21		4	8	14	11			11
2		8	10	10	8	2	7	11	5	11	2	18		24
15	16	6		11		18		18		22		10	8	18
	24	6	8		10	8	6	16	15		26	8	2	
8	20	11		20	11	22	16	4	25	2		15	25	11
26	11	8	15	11	15		17		18	8	6	16	2	7
8		10	25	15			13			5	11	18		10
24	3 (H)	8 (A)	7 (G)	7	21		8		15	11	10	16	14	11
3	11	2		11	8	10	2	11	10	24		25	8	18
	16	4	21		23	16	18	18	21		16	2	2	
8	10	11		8		5		3		9		8	24	3
12		24	8	4	10	16	19	16	4	16	8	20		25
8			24	18	21	11		4	13	18	24			9
10	11	11	23		11	10	8	24	11		6	25	25	20

N O P Q R S T U V W X Y Z

REFERENCE GRID

1	2	3 H	4	5	6	7 G	8 A	9	10	11	12	13
14	15	16	17	18	19	20	21	22	23	24	25	26

A B C D E F G H I J K L M

A	B	C	D	E	F	G	H	I	J	K	L	M		
16	12	4	26	10	25	24	18		2	25	7	7	4	19
12		13		25		17				18		17		4
25	18	12	18	11	17	10	4		4	5	4	18	4	11
5		11		23		26		23		17		11		4
4	14	4	13	25	11		8	24 (O)	13 (L)	11 (D)	18	4	26	26
19		11		10		3		25		4		22		25
			4	26	10	17	23	13	25	26	20	25	18	15
26		17				8		4				8		18
8	17	18	10	17	18	6	4	19	24	12	26			
20		14		12		11		26		22		11		6
4	21	10	4	19	18	17	13		17	7	25	4	8	4
11		20		4		9		19		25				4
12	18	25	26	24	18		1	4	19	19	14	22	17	18
13		18		13			17		4		4			4
4	17	15	13	4	26		8	19	12	26	17	11	4	19

N O P Q R S T U V W X Y Z

REFERENCE GRID

1	2	3	4	5	6	7	8	9	10	11 (D)	12	13 (L)
14	15	16	17	18	19	20	21	22	23	24 (O)	25	26

㊹ Codebreak

A B C D E F G H I J K L M

9	24	24	█	6	4	21	10	4	21	16	█	6	24	15
26	█	19	24	26	23	█	15	█	1	23	7	24	█	22
3	21	26	23	7	16	█	9	█	8	4	15	20	19	4
█	24	5	4	21	█	14	4	23	█	4	3	4	4	█
7	4	4	█	4	21	4	█	24	15	21	█	19	4	20
15	16	16	█	█	4	20	26	7	16	█	█	16	13	17
16	█	█	15	6	3	█	12	█	12	15	21	█	█	23
7	15	22	26	█	7	21	26	8	4	█	15	21	4	15
26	█	█	19	4	26	█	23	█	23	1	23	█	█	16
4	21	15	█	█	19	26	10	2	7	█	█	18	4	7
21	26	8	█	7	4	23	█	15	16	3	█	26	5	17
█	12	24	7	4	█	13	4	17	█	21	24	5	4	█
2	4	21	24	4	16	█	12	█	14 F	15 A	21 R	26	23	10
4	█	7	24	23	4	█	21	█	15	6	4	23	█	26
25	15	16	█	16	4	11	1	26	23	16	█	10	1	23

N O P Q R S T U V W X Y Z

REFERENCE GRID

1	2	3	4	5	6	7	8	9	10	11	12	13
14 F	15 A	16	17	18	19	20	21 R	22	23	24	25	26

Codebreak ㊺

When you have completed this puzzle, transfer the letters to the grid below to reveal an American playwright.

A B C D E F G H I J K L M

A	B	C	D	E	F	G	H	I	J	K	L	M
20	4	18	18	3	18	6	18	1			15	22
	23		10		5		18		1		10	18
3	8	5	20	20	18	1		17	25	8	6	12
		10		3		12		25		12	19	22
	25	24	20	18	20	20	18	1		14	10	12
		19			3		12		14		6	
24	19	18	6	17	2		10	6	10	19	25	11
			10		2		11		18			
3	5	18	20	1	10	7	20		10	1	9	5
		16		18		13		18			6	
26	5	3	25	6		6	25	3	18	17	10	20
10		18		17		25		17		10		19
17	25	6	17	18	12	3		2	10	17	21	12
18		3		20		12		18		3		6
3		20			17 C	10 A	8 R	8	12	10	11	18

N O P Q R S T U V W X Y Z

REFERENCE GRID

1	2	3	4	5	6	7	8 R	9	10 A	11	12	13
14	15	16	17 C	18	19	20	21	22	23	24	25	26

PLAYWRIGHT

10	8	3	2	5	8	■	15	12	19	19	18	8

Codebreak

A B C D E F G H I J K L M

3	7	25	4	25	15	25		16 (M)	23 (A)	12 (X)	10	16	2	16
7	10	3			23			10		14		10	7	25
5	15	25	14		19	23	4	13	14		25	7	22	25
18	25	25	3	14		19	25	25		4	7	25	14	21
25			8	5	13	25		9	10	7	23			10
4	5	17		23		21	5	3		25		6	10	22
21		7	23	7	25		24		25	20	25	7		17
	1	10	3		11	10	5	9	23		19	10	19	
26		16	25	21	25		22		7	5	19	25		14
2	14	25		5		25	25	9		11		15	25	20
23			23	14	13	14		23	12	25	15			25
7	10	6	21	14		3	23	20		22	2	7	14	25
7	5	9	25		9	8	10	22	17		15	10	25	21
25	21	23			25		9		5		6	25	25	
9	23	22	17	2	10	15		3	5	14	21	25	7	22

N O P Q R S T U V W X Y Z

REFERENCE GRID

1	2	3	4	5	6	7	8	9	10	11	12 X	13
14	15	16 M	17	18	19	20	21	22	23 A	24	25	26

Codebreak 47

When you have completed this puzzle, transfer the letters to the grid below to reveal an Anthony Hopkins film.

A B C D E F G H I J K L M

5	9	19	10	15	23 P	9 A	16 N		9	13	26	9	10	2
9		1		16		19				2		7		9
17	9	12	16	7	15	11	2		13	2	22	2	8	24
1		13		15		25		11		18		4		8
19	2	26	15	11	24		24	1	26	15	8	12	7	2
24		2		8		2		6		2		9		19
			9	24	14	5	5	2	8	19	15	11	9	26
2		9				23		19				14		14
7	15	24	2	5	13	1	3	2	26	2	7			
15		24		9		3		7		21		24		2
18	15	9	24	11	1	2	24		23	9	11	20	2	19
15		12		19		19		13		11		9		9
11	1	26	26	9	19		11	9	16	8	9	8	9	24
2		8		5				19		2		2		2
24	14	24	8	2	5		9	16	1	7	15	24	2	7

N O P Q R S T U V W X Y Z

REFERENCE GRID

1	2	3	4	5	6	7	8	9 A	10	11	12	13
14	15	16 N	17	18	19	20	21	22	23 P	24	25	26

FILM

8	25	2	■	24	15	26	2	16	11	2	■	■
■	1	18	■	8	25	2	■	26	9	5	13	24

48 Codebreak

A B C D E F G H I J K L M

A	B	C	D	E	F	G	H	I	J	K	L	M
8	5	7	8	23	13	▓	11	▓	11	6	23	13
3	▓	▓	4	6	23	▓	26	▓	1	4	3	17
23	▓	▓	9	4	1	8	16	2	16	21	17	3
9	23	23	▓	8	19	19	▓	16	3	23	13	19
6	4	21	8	23	3	21	▓	1	23	11	8	23
23	3	11	23	▓	8	▓	12	11	▓	19	1	8
▓	▓	14	4	17	▓	9	5	11	▓	23	3	4
10	4	3	▓	23	12	5	4	8	19	3	▓	3
▓	▓	16	6	6	▓	8	3	18	▓	3	4	8
23	3	21	23	▓	17	▓	8	▓	6	▓	17	5
21	23	23	13	6	23	13	20(C)	4(A)	9(B)	4	3	23
4	13	13	▓	4	21	18	▓	4	20	23	▓	23
20	▓	▓	4	8	8	23	24	1	8	23	13	4
8	▓	▓	1	23	3	▓	16	▓	16	3	23	6
11	23	21	8	3	18	▓	25	▓	20	18	21	11

N O P Q R S T U V W X Y Z

REFERENCE GRID

1	2	3	4 (A)	5	6	7	8	9 (B)	10	11	12	13
14	15	16	17	18	19	20 (C)	21	22	23	24	25	26

A B C D E F G H I J K L M

	4	17	9		26	17	2	1	26		10	23	22	
11		8	1	19	10		21		6	21	21	20		23
23	7	26	1		1	4	21	16	1		1	20	10	26
4	21	1		1	19	1		23	16	21		21	23	3
	21	4	5	23		7	4	24		20	21	4	25	
23	14	10	23	4			17			20	23	16	1	16
12			4		16	23	25	1	26		4			4
23	18	15	23	10	17	5		4	1	10	26	17	8	23
17			25		12	1	8	4	1		25			19
8	1	13	1	4			1			7	23	12	23	8
	7	23	14	1		21	19	1		17	8	8	26	
8	17	14		16	17	8		24	1	10		23	7	1
23	5	17	16		5	1	16	1	16		1	4	26	1
12		26	23	12	21		21		12	17	4	14		14
	19	1	9		8	17	1	5	1		23	26	6	

(Cells marked **S I N** appear at positions 26, 17, 8 in the grid.)

N O P Q R S T U V W X Y Z

REFERENCE GRID

1	2	3	4	5	6	7	8 N	9	10	11	12	13
14	15	16	17 I	18	19	20	21	22	23	24	25	26 S

50 Codebreak

Columns: **A B C D E F G H I J K L M**

A	B	C	D	E	F	G	H	I	J	K	L	M
21	9	13	7	20	1	■	22	2	12	23	12	17
6	■	20	■	9	■	■	5	■	9	■	9	18
16	26	18	13	9	10	15	■	2	14	7	18	26
18	■	10	■	19	■	12	■	10	■	21	■	22
26	9	7	2	21	■	7	9	1	21	■	17	9
7	■	2	■	■	■	12	■	■	18	■	16	10
2	26	23	9	24	2	23	■	12	23	15	18	10
23	■	■	12	■	9	■	23	■	25	■	■	17
■	5	2	26	23	9	10	■	11	12	21	15	18
21	■	15	■	2	■	■	16	■	■	26	■	26
25	18	25	2	■	12	21	19	21	■	3	18	5
18	■	2	■	8	■	9	■	7	■	12	■	9
7	2	10	10	12	18	26	■	21	18	4	4	20
2	■	9	■	20	■	18	■	■	2	■	18 (I)	2
23	2	10	2	20	18	17	7	■	2	10	9	23 (D)

Columns: **N O P Q R S T U V W X Y Z**

REFERENCE GRID

1	2	3	4	5	6	7	8	9	10	11	12	13
14	15	16	17	18 (I)	19	20 (L)	21	22	23 (D)	24	25	26

Codebreak 51

A B C D E F G H I J K L M

10	21	19	1	4	10	23		20	17	25	23	18	10	16
12		25		10	26	11	16	25	21	2		7		10
6	11	7	23	13	10	1		7	10	13	25	11	21	18
13		5	11	18		23		10		17	7	5		11
17		17	3	23	18		4		23	17	11	8		25
16	10	21	18		7	17	11	23	18		18	10	7	21
10	13	23	10		17		24		1		10	7	11	23
	22			14	3	10	10	21	13	1			26	
22	17	16	10		22		23		25		6	13	10	11
10	15	10	7		13	11	18	9	23		10	10	13	23
14		22	11	23	10		1		18	11	21	2		23
3		11	23	6		10		10		22	11	11		10
10	21	18	10	7 (R)	10 (E)	16 (D)		6	23	11	13	18	10	7
23		10		10	11	2	13	10	18	23		10		18
18	3	7	21	10	7	1		10	1	10	13	10	18	23

N O P Q R S T U V W X Y Z

REFERENCE GRID

1	2	3	4	5	6	7 (R)	8	9	10 (E)	11	12	13
14	15	16 (D)	17	18	19	20	21	22	23	24	25	26

Codebreak

When you have completed this puzzle, transfer the letters to the grid below to reveal a Somerset Maugham novel.

A B C D E F G H I J K L M

7 **R**	11 **A**	26 **G**	11	1	25	24	24	4	16	15	6	11
	3		10		16		3		11		8	11	21	15
11	3	3	20	26	11	9	4	19	16	15	7		15
	18		3		15		22		13		11	12	25	11
2		11			13			20			25		15
14	11	2	13	3	20	15		6	20	11	5	20	7	15
11		14			17	20	1	19	16			16		4
1	11	4	16			11		11			15	9	25	16
6		20			24	3	19	15	15			4		11
20	16	5	4	19	25	15		9	19	22	13	16	19	9
7		20			20			2			20		20
1	4	1	20		3		17		4		6		13
11		20		11	3	3	19	2	11	9	4	19	16	15
4	19	16	15		20		23		3		20		20
17		9		11	17	5	20	7	15	11	7	4	20	15

N O P Q R S T U V W X Y Z

REFERENCE GRID

1	2	3	4	5	6	7 **R**	8	9	10	11 **A**	12	13
14	15	16	17	18	19	20	21	22	23	24	25	26 **G**

NOVEL

9	14	20	■	1	19	19	16	■	11	16	17
■	15	4	10	22	20	16	2	20	■	■	■

Codebreak 53

Letters across top: A B C D E F G H I J K L M

Grid (top rows, clues filled: 3=A, 16=S, 11=H):

18	21	3 A	16 S	11 H		16	9	6		21	9	2	26	22
3		23	7	3		3		10		26	19	5		3
16	13	1	26	21	9	16		7	20	20	26	22	9	16
26		16	2	9	12		26		9	6	22	11		24
16	24	26	16		3		25		3		6	9	25	16
		25			23	3	8	7	21			9		
8	1	4		9		18	9	6		17		16	14	5
26			3	20	20	9	22	6	26	7	25			7
18	9	9		6		3	6	9		7		9	23	1
		23			9	23	26	21	16			22		
14	7	7	21		15		7		3		14	7	24	9
21		6	7	14	26		25		2	7	26	25		25
26	23	26	6	3	6	9		8	9	3	2	7	1	16
17		19	7	10		2		9		6	7	23		1
9	10	9	21	16		24	26	6		16	6	5	2	9

Letters below grid: N O P Q R S T U V W X Y Z

REFERENCE GRID

1	2	3 A	4	5	6	7	8	9	10	11 H	12	13
14	15	16 S	17	18	19	20	21	22	23	24	25	26

Codebreak

54

A B C D E F G H I J K L M

12	13	18	16	16	1	4		17	20	22	5	1	11	26
13			18	21	22	1		18	13	20	18			22
11	26	15	5 T	18 A	26 N	5		2	1	18	20	26	1	4
21		11		8		1	3	1		21		22		13
5	1	8	5		9	20	11	1	16		9	22	23	21
1		1	1	21			26			10	18	15		1
4	11	15	25	22		18	4	22		11	4	1	18	15
	20		7	22	13	20		16	21	18	10		25	
15	3	11	26	15		1	21	16		26	1	19	1	20
18		4	11	1			11			5	20	2		1
5	18	21	25		19	1	26	22	6		15	11	24	1
11		1		6		15	1	18		14		26		16
20	18	4	11	18	26	5		15	7	11	26	10	21	1
1			22	10	1	1		5	22	26	1			20
15	13	26	26	11	1	20		15	1	8	5	1	5	15

N O P Q R S T U V W X Y Z

REFERENCE GRID

1	2	3	4	5 T	6	7	8	9	10	11	12	13
14	15	16	17	18 A	19	20	21	22	23	24	25	26 N

Codebreak (55)

A B C D E F G H I J K L M

5	15	8 R	9 A	3 T	15	8	12	9	■	16	2	10	9	8
15	■	10	■	8	■	19	■	4	■	■	■	13	■	10
24	10	22	11	9	3	16	14	10	24	■	3	14	12	22
10	■	15	■	12	■	7	■	25	■	25	■	9	■	10
22	1	19	9	3	■	22	12	6	25	9	2	2	10	8
■	■	25	■	■	■	9	■	10	■	3	■	10	■	4
22	12	24	10	7	12	16	7	■	20	12	9	22	16	15
19	■	■	■	25	■	7	■	20	■	15	■	■	■	12
17	9	22	3	10	24	■	3	8	9	25	22	20	10	8
5	■	19	■	2	■	18	■	9	■	■	■	12	■	■
10	5	17	9	2	5	12	25	6	■	17	15	25	10	24
8	■	26	■	22	■	11	■	5	■	15	■	9	■	23
6	8	10	21	■	9	11	11	10	9	8	9	25	16	10
10	■	16	■	■	■	10	■	25	■	10	■	16	■	2
24	12	3	16	14	■	24	10	3	10	8	6	10	25	3

N O P Q R S T U V W X Y Z

REFERENCE GRID

1	2	3 T	4	5	6	7	8 R	9 A	10	11	12	13
14	15	16	17	18	19	20	21	22	23	24	25	26

Codebreak

A B C D E F G H I J K L M

	25	4	17	4	5			14	5	8	17	6	
19		20		8	18	21		6	4	8		8		6
8	16	1		25	4	8 **A**	16 **C**	1 **T**	4	11		18	25	4
5	13	25	4		6	15	13	22	1		6	15	13	9
4	9	4		10		18	15	15		8		1	4	4
6		21	13	8		8	6	6		1	7	4		25
	7	4	8	17	6		4		2	4	4	25	6	
	13		1		1	13	23	22	4		8		26	
	19	4	4	25	3		22		1	8	5	5	3	
26		8	15	3		5	4	11		22	6	4		12
8	18	25		4		13	15	4		26		8	9	4
3	13	5	26		21	8	16	8	9		6	26	18	6
8	15	11		21	8	1	4	5	13	1		8	15	1
26		13		8	6	7		6	13	9		10		8
	6	21	8	25	1			11	13	24	4	15	

N O P Q R S T U V W X Y Z

REFERENCE GRID

1 **T**	2	3	4	5	6	7	8 **A**	9	10	11	12	13
14	15	16 **C**	17	18	19	20	21	22	23	24	25	26

Codebreak 57

A B C D E F G H I J K L M

24	7	3	10	1 (O)	15 (W)	18 (E)	10	■	14	3	20	25	1	9
17	■	10	■	10	■	1	■	■	8	■	5	■	1	
18	9	23	1	19	12	9	4	■	1	6	22	18	20	24
9	■	6	■	24	■	24	■	21	■	3	■	10	■	18
10	18	24	12	24	13	■	14	3	5	13	7	12	9	4
24	■	13	■	18	■	18	■	9	■	12	■	21	■	3
■	■	■	7	19	17	9	1	13	12	25	3	20	20	19
3	■	24	■	■	24	■	3	■	■	18	■	24		
10	18	13	7	5	1	9	18	26	18	9	13	■	■	
7	■	1	■	3	■	3	■	24	■	18	■	25	■	21
18	11	17	1	24	6	5	18	■	21	3	9	3	9	3
5	■	1	■	7	■	18	■	24	■	5	■	26	■	13
18	9	2	12	18	24	■	21	3	24	18	26	18	9	13
9	■	18	■	5	■	■	4	■	24	■	5	■	12	
13	7	5	3	24	7	■	17	1	24	13	26	3	5	16

N O P Q R S T U V W X Y Z

REFERENCE GRID

1 O	2	3	4	5	6	7	8	9	10	11	12	13
14	15 W	16	17	18 E	19	20	21	22	23	24	25	26

Codebreak

A B C D E F G H I J K L M

19	18	1		6		26	18	10		3		8	18	24
18		18	5	9	20	4		4	11	13	25	4		4
14	17	22		13		7	13	25		12		16	4	20
3		22		24	18	7		12	13	4		13		13
18	23	17	21		23	4	22	18	7		13	7	12	17
25	18	12	4	20	18	25		15	14	18	25	10	4	10
	14		8		13		18		18		3		1	
16	18	2		4	25	13	11	13	20	15		15	24	2
	7		17		18		4		7		17		4	
15	14	18	20	18	8	15		8 B	18	25	25	18	15	12
12	2	20	4		25	13	1	13 I	12		10	9	12	2
18		4		26	4	7	12 T	4	7		20		20
7	9	7		13		22	17	12		18		17	23	18
5		18	7	23	13	25		4	25	23	4	20		7
18	15	15		4		4	18	20		4		18	20	12

N O P Q R S T U V W X Y Z

REFERENCE GRID

1	2	3	4	5	6	7	8 B	9	10	11	12 T	13 I
14	15	16	17	18	19	20	21	22	23	24	25	26

Codebreak 59

A B C D E F G H I J K L M

1	2	3	4	5	6	7	8	9	10	11	12	13	14	15
7	19	4	10	9		6		21		10	8	11	9	7
1 (W)		9		10	26	5	21	12	20	8		20		11
7 (A)	9	21	3	10		12		14		21	19	17	10	22
9 (R)		2	7	2	20		20		3	11	10	19		7
10	2	16	23		9	10	17	10	22		12	20	2	3
	23	10	3		10	12	11	9	23		5	3	10	
10	12	3		25		24		9		1		11	9	23
	7		15	10	7	22		7	18	7	9		7	
7	19	17		8		20		11		16		20	12	10
	21	9	14		7	3	11	21	9		4	21	16	
21	24	20	12		17	10	7	24	10		7	22	10	3
19		19	10	7	11		8		2	21	3	24		21
7	22	20	10	3		7		7		2	10	7	22	11
16		11		14	10	3	11	9	10	22		12		10
10	1	10	9	3		13		24		10	7	3	10	2

N O P Q R S T U V W X Y Z

REFERENCE GRID

1	2	3	4	5	6	7	8	9	10	11	12	13
W						A		R				
14	15	16	17	18	19	20	21	22	23	24	25	26

Codebreak

	A	B	C	D	E	F	G	H	I	J	K	L	M
1	9	14	5	4	16	4	2		1	21	24	26	21
2	21		14		7		21	1	19		26		5
3	26	14	13	16	1		12		5	19	19	17	24
4	6		19		13	19	19	6	23		5		19
5	23	21	24	26	22			21	13 (L)	16 (I)	19 (E)		4
6		25			10	14	16	1		13			21
7	13	19	21	24	26		5		24	11	19	13	13
8	19		4		5	16	4	20				8	
9	6	22	6	13	19				18	19	5	2	19
10	26		16		21	13	16	9	16		19		18
11	19	3	19	6	26		8		17	5	21	7	21
12	5		4		19	15	26		19		6		17
13	4	8	26	19	17		21	1	8	24	26	13	19

N O P Q R S T U V W X Y Z

REFERENCE GRID

1	2	3	4	5	6	7	8	9	10	11	12	13 (L)
14	15	16 (I)	17	18	19 (E)	20	21	22	23	24	25	26

A B C D E F G H I J K L M

A	B	C	D	E	F	G	H	I	J	K	L	M		
10	18	18	7	19	2	20	21	19	26	13		12		21
	5		19		20		25		21		15	19	26	22
6	19	5	17	11	10	25	14	9	21	5		7		10
	12		23		7		9		17		9	19	25	8
10		10			19			7			25			18
12	19	17	11	19	24	21		25	21	10	14	10	4	21
6		10		3	21 E	10 A	5 R	8			5			5
19	12	18	8		5		21			17	19	16	10	
13		25		25	19	17	10	7			1			25
20	26	10	11	10	5	21		25	21	5	5	21	26	21
23		25			10			10			8			17
20	26	19	25		14		6		17		13		8	
8		23		8	25	5	10	25	21	13	19	8	25	8
7	19	26	21		23		5		5		5		3	
3		8		13	5	19	26	17	8	25	23	26	21	8

N O P Q R S T U V W X Y Z

REFERENCE GRID

1	2	3	4	5 R	6	7	8	9	10 A	11	12	13
14	15	16	17	18	19	20	21 E	22	23	24	25	26

Codebreak

A B C D E F G H I J K L M

A	B	C	D	E	F	G	H	I	J	K	L	M
	10	22	17	15		8	24	22		18	12	10	20	
8	4	17	10		16	12	11	13	22		22	11	13	4
6	13	17	22	1		21	11	24		8	22	12	21	17
17	22	21	8		11	22	22	17	24		17	21	26	10
5		10	22	8	24			1	8	24 **R**	26		10
			17	19	17		17		17	25	17 **E**		
11		12	10	17		8	10	20		8	26 **D**	11		23
2	8	24		24	8	21	10	8	3	7		8	25	17
2		21	12	22		22	8	9		17	24	24		22
		7	17	1		1		11	21	17		
18		24	12	26	17			13	10	4	17		6
11	19	8	4		21	8	22	8	4		8	4	22	11
25	13	26	17	21		20	11	9		10	6	11	11	21
10	17	8	4		14	11	21	17	10		10	6	24	1
	26	24	17	25		1	17	10		7	17	17	21	

N O P Q R S T U V W X Y Z

REFERENCE GRID

1	2	3	4	5	6	7	8	9	10	11	12	13
14	15	16	17 **E**	18	19	20	21	22	23	24 **R**	25	26 **D**

Codebreak 63

A B C D E F G H I J K L M

26	24	13		5	16	17	4	24	22	20		2	20	21
20			1		25	11	16	17	20		16			1
14	22	16	10		13	8	19	19	20		19	24	23	1
	16	4	20	22		13	24	20		23	1	22	20	
17	13	8	23	24	1		14		18	8	20	19	19	17
11	16	17		12		16	22	23		14		20	16	13
16	19	20	17		16	17	17	20	13		17	13	7	20
23			24	13	6	11		2	1	9	20			22
1	25	20	22		13	20	22	20	13		13	16	19	6
10	16	3		11		22	1	9		15		19	20	24
17	22	24	25	20	9		1		25	16	17	13	20	19
	20	19	16	22		16	23	23		13	20	16	9	
14	19	20	22		5	8	19	20	25		20	9	17	20
16			14		16	9	20	22	16		4			15
17	11	7		20	9	16	17	20	9	17		10	1	20

N O P Q R S T U V W X Y Z

REFERENCE GRID

1	2	3	4	5	6	7	8	9	10	11	12	13
14	15	16 A	17	18	19	20	21	22 N	23	24	25 P	26

Codebreak

A B C D E F G H I J K L M

1	2	3	4	5	6	7	8	9	10	11	12	13	14	15
25	13	11	19	26	16	3	8		22	12	17	12	11	6
15		5		14		5				10		25		5
5	4	24	26	8	5	8	16		17	16	11	16	16	15
21		18		12		12		2		7		10		13
16	11	12	6	4	5	3		16	14	16	4	16	11	8
20		11		5		1		5		3		15		8
		3	8	16	5	14	8	9		13	6	14	16	
5		5		16		25		9		10		3		20
11	13 (O)	11 (N)	16 (E)		26	8	8	16	15	16	20			
16		25		8		12		15		15		3		5
25	9	16	16	15	12	13		24	5	12	11	8	16	15
20		3		5		11		15		10		15		8
13	25	8	5	11	16		4	13	20	16	15	5	8	16
8		13		25				13		15		8		15
16	23	15	12	16	3		5	1	1	12	11	12	8	23

N O P Q R S T U V W X Y Z

REFERENCE GRID

1	2	3	4	5	6	7	8	9	10	11	12	13
										N		O

14	15	16	17	18	19	20	21	22	23	24	25	26
		E										

Codebreak 65

A B C D E F G H I J K L M

5	16	22	18		6	23	14	13	1		7	20	16	22
18			12	23	17	26		23	14	23	1			4
12			18	14	16	13	16	20	23	22	18			11
1	21	18		14	18	16		16	3	18		19	16	23
	4	24	14		2	17	18	23	5		25	18	17	
1	24	18	18	22		18		3		22	23	10	18	26
9			11		25	17	18	1	1		3			18
7	13	25	16	17	18		5		18	26	16	6	14	18
23			4		20	16	18	3	18		2			13
24	23	17	20	1		20		17		11	16	17	4	1
	11	23	1		18	1	1	23 (A)	12		3	7	17	
8	18	22		12	23	25		2 (F)	18	18		22	18	20
7			17	18	1	16	1	22 (T)	23	20	22			23
1			18	24	18	17		18	17	1	18			15
22	21	7	26		14	18	20	26	1		23	10	14	18

N O P Q R S T U V W X Y Z

REFERENCE GRID

1	2 F	3	4	5	6	7	8	9	10	11	12	13
14	15	16	17	18	19	20	21	22 T	23 A	24	25	26

66 Codebreak

When you have completed this puzzle, transfer the letters to the grid below to reveal a proverb.

A B C D E F G H I J K L M

A	B	C	D	E	F	G	H	I	J	K	L	M
14	5	15	15	11	18			25	5	21	16	26
21		8		6		25	12	19	15		6	18
12	15	25	6	12	25		15		11	25	12	15	26
16		12		17		1	23	16	15	12		25	23
	25	21	11	11	7		16		4		18	5	23	22
1		24		7		6	3	3	23	24	15	
6	21	25	18		18		6		18		21	11	22	18
18		15		24	6	19	12	25	15	17		6	21
18	6	17	21		4		24		17		13	6	18	18
		18	15	15	17	15	17		25		22		5
10	19	23	22		12		1		13	21	25	5	15
19		16		9	15	14	15	11		4		6	18
23	25	15	1		23		16		2	15	21	11(L)	6(O)	25(T)
2		12		20	15	25	18		12		15	19
	18	25	21	23	16			19	16	19	18	15	17

N O P Q R S T U V W X Y Z

REFERENCE GRID

1	2	3	4	5	6	7	8	9	10	11	12	13
					O					L		
14	15	16	17	18	19	20	21	22	23	24	25	26
											T	

PROVERB

1	21	15	7	■	21	■	25	12	19	15	■	14	6	12	17	■
23	18	■	18	22	6	26	15	■	23	16	■	9	15	18	25	■

Codebreak · 67

A B C D E F G H I J K L M

10	1	16 A	2 M	26 P	18	10		26	18	16	3	17	12	5
17		21			10	16	22	18	10			11		16
7		7	12	13	10	24	20	16	17	12	11	20		24
12	5	10		11		18	16	23		20		3	10	10
5	16	24		16			4			19		12	24	10
16	13	10	17	17	10	21		7	8	3	17	18	10	24
18			8			11	25	16			24			3
	10	15	15	10	5	17		14	10	20	12	17	7	
9			17			10	4	10			26			15
16	2	16	3	3	10	21		18	11	13	3	17	10	24
5	16	20		17			7			18		11	20	10
8	24	20		11		26	16	18		11		8	3	10
14		10	1	26	10	24	12	10	20	5	10	3		14
14		1			18	16	24	22	10			18		10
12	20	10	24	17	18	23		3	10	6	8	10	18	3

N O P Q R S T U V W X Y Z

REFERENCE GRID

1	2 M	3	4	5	6	7	8	9	10	11	12	13
14	15	16 A	17	18	19	20	21	22	23	24	25	26 P

68 Codebreak

A B C D E F G H I J K L M

23	14	17	7	21	4	25	1		23	18	8	21	7	2
17		23		23		23				3		1		8
17	16	12	16	24	16	10	7		26	25	23	18	18	7
7		16		17		7		11		7		18		4
6	23	4	17	22	1		5	3	24	24	16	7	21	4
4		1		3		21		26		24		4		16
		21	19	16	4	17	22	20 (B)	3 (O)	23 (A)	25	2		21
9		23			3		3					1		4
8	14	2	7	25	14	3	8	25	16	21	22			
23		3		23		26		14		17		23		23
17	23	25	7	11	25	7	7		17	3	23	15	7	21
13		23		4		21		17		3		16		21
16	18	20	8	7	21		6	3	25	4	22	3	24	7
14		24		25			21			7		18		4
26	25	7	23	21	1		17	22	3	25	8	21	7	21

N O P Q R S T U V W X Y Z

REFERENCE GRID

1	2	3 O	4	5	6	7	8	9	10	11	12	13
14	15	16	17	18	19	20 B	21	22	23 A	24	25	26

Codebreak ⑥⑨

A B C D E F G H I J K L M

A	B	C	D	E	F	G	H	I	J	K	L	M
	17		19	9	17	1	6	17	25	23	23	
13	2	13	9	4	23		24		23	17	16	18
	2		17	18	23	21	14	4	16	18	8	17
11	20	14	2		14	17	3	14	18	5	13 (O)	22
20	14	2		17	4	26		2	16	10	16 (I)	20
17	2	16	3		3	14	18	13	18		8	20 (L)
12		3	13	25	23		1		14	25	16	7
	15	13	3	14		14	20	11		14	20	20
23		4	17	8	14		13		16	18	3	13
5	17	16	20		25	17	18	3	23		23	3
13	15	17		15	16	14		14	13	18		5
21	14	20	3		3	13	17	23	3		3	23
	18		16	4	13	18	23	3	13	18	14	
17	8	20	14	17	10		5		25	16	18	16
	14		23	25	14	2		2	14	22	3	

N O P Q R S T U V W X Y Z

REFERENCE GRID

1	2	3	4	5	6	7	8	9	10	11	12	13 (O)
14	15	16 (I)	17	18	19	20 (L)	21	22	23	24	25	26

Codebreak

When you have completed this puzzle, transfer the letters to the grid below
to reveal a Walt Disney cartoon character.

A B C D E F G H I J K L M

20	24	18	9	24	20	23	24	11		4	13	24	2	23
24		9		5			7		11		5			24
15	7	24	13	3	24	3		26	13	2	19	16	9	13
24		11		17		19			12		17			24
3	11	7	24	11		26	13	24	2	20	9	11	24	20
		24		20		23		10			6			6
26	17	3		24	23	21	5	7	6		14	24	11	17
11			3		24		20		26					26
24	13	20	24		6	11	2	23	24	11		9	20	24
6		24			7		24		24		5			
9	5	6	24	11	23	2	7	5		1	17	8	24	11
11		23		17			6		9		24			17
20	23	7	26	26	13	24		24	5	3	24	25	7	6
		T	I	P										
17		17		24		8			12		26			8
11	9	5	24	20		24	22	7	3	24	5	23	13	19

N O P Q R S T U V W X Y Z

REFERENCE GRID

1	2	3	4	5	6	7	8	9	10	11	12	13
						I						
14	15	16	17	18	19	20	21	22	23	24	25	26
						T			T			P

CHARACTER

3	17	5	2	13	3	■	3	9	6	8

Codebreak 71

Letters (A–M): A B C D E F G H I J K L M

19	12	11	4	22	26	16	▓	21	5	3	17	26	23	6
5	▓	6	8	25	▓	19	24	24	▓	17	4	20	▓	19
20	16	19	4	16	▓	5	▓	5	▓	19	21	20	19	16
19	▓	▓	10	4	15	20	16	21	18	19	16	▓	▓	3
20	26	2	19	5	▓	19	4	22	▓	22	6	4	16	6
▓	▓	19	▓	22	4	16	24	19	22	6	▓	1	▓	▓
10	4	8	6	▓	3	▓	19	▓	11	▓	13	4	10	7
26	▓	9	19	4	22	9	▓	8	17	19	4	22	▓	19
6	26	25	4	▓	19	▓	6	▓	17	▓	16	19	17	25
▓	▓	16	▓	10	16	11 (R)	1 (U)	1 (M)	8	19	22	▓	11	▓
23	4	6	22	19	▓	5	26	16	▓	23	26	16	6	19
9	▓	▓	4	5	4	17	24	19	6	21	10	▓	▓	4
19	14	19	16	22	▓	19	▓	3	▓	6	22	26	8	6
17	▓	3	26	16	▓	6	19	19	▓	22	19	4	▓	19
7	21	22	22	19	5	6	▓	16	19	6	22	3	11	17

Letters (N–Z): N O P Q R S T U V W X Y Z

REFERENCE GRID

1 M	2	3	4	5	6	7	8	9	10	11 U	12	13
14	15	16 R	17	18	19	20	21	22	23	24	25	26

Codebreak

A	B	C	D	E	F	G	H	I	J	K	L	M
	7		21		9	3	6		18		13	
7	25	23	3	15	3		3	16	19	5	17	26
	17		17		7	26	1		25		20	
2	15	26	26	4	26		19	12	12	3	16	22
				25		12		16				
	18		26	15	5	19	2	26	22		23	
2	14	26		5	14	20	6	26		12	25	8
	3		21		3	15	26		2		15	
23	19 (M)	15 (A)	25 (N)	19	5		19	5	24	20	25	6
3			15		3	22	22		20			3
21	19	16	5	26	17		12	16	25	15	1	26
	8		14		19	1	19		13		3	
21	17	10		2	6	19	2	14		14	19	1
	26		2	18	26	17	6	26	16		6	
				19		26		16				
2	5	16	25	13	26		13	3	15	15	26	6
	16		16		11	25	26		19		19	
1	26	23	25	15	25		19	22	11	25	2	26
	18		2		17	25	22		10		10	

N O P Q R S T U V W X Y Z

REFERENCE GRID

1	2	3	4	5	6	7	8	9	10	11	12	13
14	15 (N)	16	17	18	19 (A)	20	21	22	23 (M)	24	25	26

Codebreak 73

A B C D E F G H I J K L M

6	8	3	10	9	21	12	▓	5	18	3	23	6	8	1
4	▓	17	▓	5	▓	7	▓	18	▓	20	▓	8	▓	25
22	9	2	22	3	18	6	14	3	▓	2	12	12	3	18
3	▓	24	▓	17	▓	17	▓	9	▓	9	▓	3	▓	9
18	2	6	8	3	13	▓	24	11	25	17	6	1	26	12
6	▓	16	▓							6	▓	3	▓	3
9	13	3	22	12						24	7	18	3	
17	▓	▓	▓	3						3	▓	▓	▓	24
▓	23	9	6	17						13	18	9	15	12
19	▓	6	▓	3						▓	5	▓	9	
9	18	18	7	1	9	8	12	▓	21	17	7	24	3	18
21	▓	22	▓	18	▓	9	▓	15	▓	9	▓	21	▓	17
11	18	7	8	9	▓	4	6	17	3	24	12	7	8	3
9	▓	18	▓	22	▓	3	▓	6 (I)	▓	3	▓	8	▓	24
17	9	12	21	26	3	13	▓	22 (P)	9	18	9	13	3	24

N O P Q R S T U V W X Y Z

REFERENCE GRID

1	2	3	4	5	6 (I)	7	8	9	10	11	12	13
14	15	16	17 (L)	18	19	20	21	22 (P)	23	24	25	26

74 Codebreak

A B C D E F G H I J K L M

20	26	20	26	13	2	7	23	26	25	11		7 (C)		12
	4		17		7		25		1		18	10 (A)	4	2
22	2	7	15	26	13	24	11	2	13	13		17 (R)		11
	10		13		23		2		23		6	10	15	2
14		11			10				2			20		20
9	13	2	3	2	13	13		12	17	10	20	10	4	25
26		20			1	2	10	17	13			11		3
7	24	2	8			2			10		8	2	23	2
15		17			13	22	2	7	15			23		11
5	24	2	2	21	2	13		2	17	17	10	23	26	7
26		11			6				2			2		2
23	26	4	2		26		2		6		21		6	
23		26		9	11	2	16	22	3	10	26	11	2	4
2	25	11	13		10		26		26		11		13	
4		19		5	17	26	23	26	11	19	7	10	13	2

N O P Q R S T U V W X Y Z

REFERENCE GRID

1	2	3	4	5	6	7 C	8	9	10 A	11	12	13
14	15	16	17 R	18	19	20	21	22	23	24	25	26

A B C D E F G H I J K L M

■	■	20	7	6	■	11	1	23	■	7	13	7	■
■	14	2	4	1	23	■	19	■	22	19	7	24	18
8	■	1	19	19	■	18	16	6	■	7	4	23	25
21	■	■	18	3	7	24	■	1	7	9	24	■	7
3 P	21 O	15 D	■	■	19	1	13	7	19	■	5	9	6
1	3	4	18	23	19	1	■	9	1	10	1	9	1	18
■	23	18	7	9	■	9	7	24	■	1	17	4	23
■	■	18	2	1	■	■	26	■	■	13	4	24	■
■	19	1	24	18	■	25	1	1	■	7	18	16	18
15	6	24	7	18	23	6	■	13	■	24	23	19	1	9
20	1	23	■	■	7	26	7	9	1	■	■	1	23	7
21	■	■	19	4	9	7	■	1	19	7	24	■	■	22
26	■	18	21	24	■	6	1	23	■	10	7	23	■	23
■	10	1	4	24	18	■	26	■	26	4	12	1	24
■	■	1	24	18	■	16	1	6	■	15	1	24	■

N O P Q R S T U V W X Y Z

REFERENCE GRID

1	2	3 P	4	5	6	7	8	9	10	11	12	13
14	15 D	16	17	18	19	20	21 O	22	23	24	25	26

Codebreak

When you have completed this puzzle, transfer the letters to the grid below to reveal a quotation by Cecil Rhodes.

A B C D E F G H I J K L M

A	B	C	D	E	F	G	H	I	J	K	L	M
9	5	1	18	25	16	7	8	16			23		6
		20		12		16		21		11		22		10
13	16	10	26	25	20	13		5	6	18	1	5	2	16
		26		25		13		6		8		20		1
	19	12	20	24	26	5	6	16		23	20	13	20	1
		5				26		13		16		7		
4	12	7	8	5	6		26	23	18	11	11	5	13	15
			13		22		16		12					
14	20	3	3	16	8	16	8		4	1	12	8	20	1
		16		17		8		20				20		
7	12	1	5	4		16	26	23	20	4	20	6	16	
20		5		16		11		7		5		5		
23	22	16	16	8	5	18		5	1	1	5	23	5	7
5		21		7		8		13		18		20		
7		16				6D	5I	15G	5	7	20	1	5	26

N O P Q R S T U V W X Y Z

REFERENCE GRID

1	2	3	4	5 I	6 D	7	8	9	10	11	12	13
14	15 G	16	17	18	19	20	21	22	23	24	25	26

QUOTATION:

26	18		1	5	7	7	1	16		6	18	13	16
	26	18		25	12	23	22		7	18		6	18

Codebreak

A B C D E F G H I J K L M

23	18	8	12	22	7	14	2	12	14	12		18		9
	2		14		14		5		2		13	2	17	2
14	4	19	14	5	22	26	9	20	12	14		9		4
	16		22		19		26		22		19	14	12	26
8		22			8				12			12		22
24	17	14	25	26	23	3		21	20	23	9	26	11	14
24		23			9	8	9	14	25			5		12
26	9	11	3			26		14			8	13	2	25
11		12			20	23	20	12	19			11		26
14	25	26	5	14	5	9		23	14	2	7	2	23	23
7		19			15				12			5		9
17	20	9	14		20		8		24		7		1	
8		26		11	8	5	13	12	14	13	2	9	14	22
11	2	6	14		9			12		11		12	2	
10		14		12	14	19	14	5	9	2	5	9	17	16

N O P Q R S T U V W X Y Z

REFERENCE GRID

1	2	3	4	5	6	7	8	9 T	10	11	12	13
14	15	16	17	18	19	20	21	22	23 S	24	25	26 I

Codebreak

A B C D E F G H I J K L M

2	19	24	1	4	21	2	▓	2	17	4	11	11	1	16
26	▓	10	▓	▓	1	7	2	24	1	▓	▓	5	▓	1
1	▓	11	▓	16	1	4	11	5	8	23	▓	8	▓	3
4	11	4	16	▓	10	16	4	8	1	▓	20	1	8	1
16	4	7	▓	22	▓	1	23	1	▓	4	▓	16 R	25 O	13 C
1	7	15	11	1	2	2	▓	15	25	16	17	4	7	8
15	1	2	5	9	7	▓	12	▓	2	8	25	11	1	2
▓	▓	▓	2	▓	25	21	4	10	5	▓	24	▓	▓	▓
4	7	8	11	1	16	▓	6	▓	1	9	16	1	8	2
15	1	2	1	16	8	2	▓	20	16	4	7	8	5	13
25	18	4	▓	4	▓	10	4	16	▓	10	▓	26	1	23
10	1	16	21	▓	4	16	5	4	2	▓	20	5	2	8
8	▓	5	▓	2	21	5	17	17	1	15	▓	13	▓	26
1	▓	7	▓	▓	5	7	2	1	8	▓	▓	4	▓	1
15	16	4	12	5	7	9	▓	15	4	14	14	11	1	2

N O P Q R S T U V W X Y Z

REFERENCE GRID

1	2	3	4	5	6	7	8	9	10	11	12	13 C
14	15	16 R	17	18	19	20	21	22	23	24	25 O	26

Codebreak ⑦⑨

Some squares are not numbered. These letters, when put in order in the lower grid, will reveal a song recorded by Nat 'King' Cole.

A B C D E F G H I J K L M

26	22	10	14		22	24	1	21		7	16	22	21	
21		21		5		22		1				18		4
1	3	22	10	1	21	26	22	24	1		22	20	22	21
1		2		21				23		10		6		15
18	21	9		1		1	7	17		21	22	19	24	4
		1				22		1		4		10		24
17	1	21	9		4	6	7		24		8	24	9	24
21				23		3		8		14				1
	26	18	6	10	24		12	6	1	7	24	9	4	
15		1		5		13		18				19		
8	4	24		1	21	9	19	15		10	22	7	24	1
22		21		1		·		6		5		6		19
24	21	22	17		26	21	1	22	14	22	26		1	7
		10				10		21				9		6
10	22	24	24	23		1		18	6	21	22	19	10	1
	C	A	T											

N O P Q R S T U V W X Y Z

REFERENCE GRID

1	2	3	4	5	6	7	8	9	10	11	12	13
									C			

14	15	16	17	18	19	20	21	22	23	24	25	26
								A		T		

SONG

Codebreak

	A	B	C	D	E	F	G	H	I	J	K	L	M
		20		9	·	15	19	6	25	26		12	17
	10	13	18	1		19			24		7	18	1
		16	1	6	23	1	23		1	6	26	24	1
	26	24	6	5	1	26			8	7	24	6	8
		1	3	1	22	24	26		23	1	22	7	24
	1	23	1	22			6	14	1			22	1
	14		8		26	24	25	9 (W)	13 (I)	24 (T)		22	12
	1		9	21	7			22	1	9			7
	8		12		1	8	6		1	22	23	2	9
	24	1	6	26			26	19	22		26	1	6
		26	24	6	8	12	21		26	6	11	4	6
	19	26	1	17	19	16			3	13	7	16	1
		6	8	1	22	6	26		4	1	24	8	7
	26	25	26	24	1	11			8	1	24	24	1
		26		25		26	13	10	21	24		25		23

N O P Q R S T U V W X Y Z

REFERENCE GRID

1	2	3	4	5	6	7	8	9 W	10	11	12	13 I
14	15	16	17	18	19	20	21	22	23	24 T	25	26

A B C D E F G H I J K L M

2	11	3	23	9	12	4	26	▓	10	19	25	22	26	11
25	▓	25	▓	26	▓	19	▓	▓	20	▓	11	▓	26	
19	18	7	11	12	22	2	26	▓	8	4	11	3	12	1
19	▓	12	▓	11	▓	26	▓	2	▓	23	▓	21	▓	22
5	3	4	26	25 (L)	19 (O)	4 (T)	▓	26	13	20	3	7	25	26
16	▓	26	▓	19	▓	9	▓	19	▓	4	▓	3	▓	11
▓	▓	25	19	14	26	1	2	26	▓	3	17	9	26	
22	▓	2	▓	5	▓	11	▓	11	▓	9	▓	15	▓	22
3	2	20	26	▓	12	1	6	3	25	12	22	▓	▓	
4	▓	3	▓	24	▓	26	▓	23	▓	1	▓	10	▓	19
3	12	11	21	3	16	8	▓	9	16	22	11	3	1	4
7	▓	22	▓	21	▓	8	▓	12	▓	5	▓	12	▓	9
3	17	12	22	12	17	▓	8	17	11	19	20	1	2	26
8	▓	1	▓	1	▓	▓	3	▓	8	▓	4	▓	11	
26	1	2	3	2	26	▓	26	25	12	4	12	8	4	8

N O P Q R S T U V W X Y Z

REFERENCE GRID

1	2	3	4 T	5	6	7	8	9	10	11	12	13
14	15	16	17	18	19 O	20	21	22	23	24	25 L	26

Codebreak

A B C D E F G H I J K L M

	9	7	2	2	7	4	6	1	10	4	9	2	16	
		25		16		17		7		26		4		
1	16	23	2	4	10	16		24	13	4	25	25	16	6
19		16			3		14		7		19			16
21	16	6	26	16	6		10	20	7	25	5	2	16	1
16		25		3		17		4			7			7
24	13	19	19	17		4	9	24	10	4	7		25	24
10				16		6		14	2					13
7		8	7	2	2	4	26	16		7	25	10	6	19
13		16			25		6		9		7			8
7	26	25	7	10	7	19	25		11	7	25	26	2	16
10		10		6		6		15			14			6
18	4	6	1	4	6	21		16	12	22 (U)	4	10	16	24
		4		1		4		10		6 (R)		16		
24	2	16	16	17	2	16	4	6		25 (N)	7	25	26	

N O P Q R S T U V W X Y Z

REFERENCE GRID

1	2	3	4	5	6 R	7	8	9	10	11	12	13
14	15	16	17	18	19	20	21	22 U	23	24	25 N	26

A B C D E F G H I J K L M

25	8	3	2	11		25	4	5		17	2	10	2	4
21				2			1			3				23
24	21	13		17	23	8	3	21	17	23		1	2	7
23	17	17	25			3	17	16			17	2	16	22
9	1	5	23	16		2	25	6		13	2	17	22	5
	16		13	23	17	21		23	19	23	16		23	
10		26	2	18	23	26		9	23	16	25	23		23
23	11	23	17		19			16		2	6	21	16	
22		14	2	22	23	25		9	3	16	12	23		9
	20		22	2	26	23		17	23	23	6		2	
10	1	6	23	17		17	1	23		22	23	2	12	4
2	19	21	9			19	21	2			9	21	17	23
18	23	22		11 W	21	23	26	9	23	9		22	23	2
1				21 I		23			5					13
22	2	12	21	22 T		1	9	9		23	15	21	22	25

N O P Q R S T U V W X Y Z

REFERENCE GRID

1	2	3	4	5	6	7	8	9	10	11 W	12	13
14	15	16	17	18	19	20	21 I	22 T	23	24	25	26

Codebreak

When you have completed this puzzle, transfer the letters to the grid below to reveal a novel by Victor Hugo.

A B C D E F G H I J K L M

23	26	2	11	5	26	2	14	▓	26	12	7	26	25	2
6	▓	21	▓	26	▓	11	▓	▓	5	▓	21	▓	▓	21
8	25	25	16	22	8	4	26	▓	19	26	17	8	22	15
23	▓	1	▓	23	▓	23	▓	11	▓	26	▓	15	▓	26
12	1	22	8	24	26	5	▓	26	25	3	23	8	26	5
13	▓	10	▓	5	▓	2	▓	2	▓	20	▓	11	▓	8
▓	▓	3	26	2	12	1	12	14	▓	24	21	26	2	
4	▓	10	▓	26	▓	23	▓	13	▓	26	▓	26	▓	22
9	16	8	3	▓	10	26	4	12	2	22	23	▓	▓	▓
16	▓	24	▓	2	▓	10	▓	1	▓	15	▓	12	▓	11
8	22	24	8	10	26	21	▓	25	1	1	12	13	26	5
5	▓	16	▓	13	▓	20	▓	11	▓	5	▓	2	▓	8
5	2	4	13	26	5	▓	18	8	15	15	26	5	26	10
26	▓	26	▓	5	▓	▓	22	▓	26	▓	15	▓	2	
L 21	A 2	D 10	10	26	5	▓	26	15	15	4	13	26	21	21

N O P Q R S T U V W X Y Z

REFERENCE GRID

| 1 | 2 A | 3 | 4 | 5 | 6 | 7 | 8 | 9 | 10 D | 11 | 12 | 13 |
| 14 | 15 | 16 | 17 | 18 | 19 | 20 | 21 L | 22 | 23 | 24 | 25 | 26 |

NOVEL

| 23 | 13 | 26 | ■ | 13 | 16 | 22 | 12 | 13 | 11 | 2 | 12 | 14 | ■ |
| 1 | 24 | ■ | 22 | 1 | 23 | 5 | 26 | ■ | 10 | 2 | 25 | 26 | ■ |

Codebreak ⑧⑤

Some squares are not numbered. These letters, when put in order in the lower grid, will reveal the title of a children's classic written by Louisa M. Alcott.

A B C D E F G H I J K L M

15	8	8·		2	22	10	24	11			15		12
		17		11		6		15		8		22		7
21	13	24	13	2		26			6	17	23	7	2	15
		22		6		26		15		24		2		4
	19	18	2	10		4	24	19		9	2	24	22	
		4				24		22		3		16		
23	4	24	15	19	24		5	13	19	2	9	24	19	19
				15		1		19		24				
	17	24	19	10	4	24	11		6	11	11	2	10	25
		14		13		12		15				20		
4	15	10	24	17		24	9	16		4	6	23	24	
15		17		11			2		15					
	17	15	16	15	2	4		15 A	19 S	23 P	2	17	24	11
22		22		25		24		17		24		10		
7		10			17	6	25	15	4		19	10	19

N O P Q R S T U V W X Y Z

REFERENCE GRID

1	2	3	4	5	6	7	8	9	10	11	12	13
14	15 A	16	17	18	19 S	20	21	22	23 P	24	25	26

TITLE

Codebreak

A B C D E F G H I J K L M

11	10	21	22	22	13	14		20	14	13	13	22	9	16
9			9		9		4		24					15
19	14	13	23	6	13	4		18	22	25	9	15	24	11
19	21	14	13	13		13	20	23		9	18	14	13	22
15	1	21	18	24	18		14		1	26	14	18	23	13
24		19			3 **B**	9 **O**	17 **X**				23			13
1	18	23	13	11		18	1	13		13	16	13	24	22
		8	15	4	23		24	9	2	18				
5	21	13	13	24		13	1	9		13	19	9	12	10
21		2				22	13	24			14			9
18	22	18	19	23	11		18		20	4	18	1	9	24
14	9	22	13	9		9	14	13		18	7	18	14	13
23	14	13	18	23	13	22		19	18	23	13	24	23	11
13				13		13		15		15				23
14	13	11	21	16	13	11		12	18	24	24	13	14	26

N O P Q R S T U V W X Y Z

REFERENCE GRID

1	2	3 **B**	4	5	6	7	8	9 **O**	10	11	12	13
14	15	16	17 **X**	18	19	20	21	22	23	24	25	26

Codebreak 87

When you have completed this puzzle, transfer the letters to the grid below to reveal an Italian landmark.

A B C D E F G H I J K L M

19	14	3	24	21	9	8	26		4	26	21	24	14	2
26		26		10		12			18		2		23
7	5	25	17	13	2	4	26	14	2	12	5	26	1
7		1		7		26		16		1		22		25
5	21	2	7	5	26		7	25	5	21	20	21	2	10
26		10		25		23		8		10		26		21
		24	22	26	6	2	12	23	26	24	24	26	24
2		7			2		10			22		14
1	2 (A)	21 (I)	23 (D)	24	26	12	20	2	10	22	24		
25		10		1		11		5		2		2		2
12	2	23	21	2	22	26	23		2	7	2	17	8	24
22		6		5		23		24		5		22		24
21	23	26	2	5	24		21	10	24	26	17	8	12	26
15		26		26			21		22		2		24
26	5	23	26	12	24		2	19	25	24	22	5	26	24

N O P Q R S T U V W X Y Z

REFERENCE GRID

1	2 A	3	4	5	6	7	8	9	10	11	12	13
14	15	16	17	18	19	20	21 I	22	23 D	24	25	26

LANDMARK

22	14	26	■	5	26	2	10	21	10	4	■	■
22	25	6	26	12	■	25	11	■	19	21	24	2

Codebreak

A B C D E F G H I J K L M

16	8	25	24	5	4	25	6	▓	8	7	2	14	16	20
24	▓	24	▓	24	▓	8	▓	▓	24	▓	24	▓	▓	24
5	8	1	2	22	24	4	8	▓	17	5	24	1	8	4
5	▓	17	▓	6	▓	23	▓	14	▓	8	▓	7	▓	4
2	25	5	8	24	22	20	▓	16	2	20	3	24	19	8
18	▓	8	▓	25	▓	3	▓	8	▓	3	▓	23	▓	22
▓	▓	24	4	4	25	8	20	20	▓	24	19	11	8	
20	▓	13	▓	20	▓	23	▓	3	▓	20	▓	22	▓	4
14	25	11	15	▓	2	17	26	8	14	3	20	▓	▓	
23	▓	24	▓	9	▓	11	▓	25	▓	8	▓	20	▓	17
¹M	²³I	⁴D	18	8	20	3	▓	12	5	8	8	3	8	25
23	▓	25	▓	24	▓	8	▓	23	▓	25	▓	25	▓	23
3	25	24	18	5	20	▓	17	8	16	24	21	23	22	19
24	▓	22	▓	2	▓	▓	5	▓	19	▓	10	▓	16	
25	2	3	24	3	8	▓	24	4	16	8	25	8	22	3

N O P Q R S T U V W X Y Z

REFERENCE GRID

¹M	2	3	⁴D	5	6	7	8	9	10	11	12	13
14	15	16	17	18	19	20	21	22	²³I	24	25	26

Codebreak (89)

When you have completed this puzzle, transfer the letters to the grid below to reveal a team of songwriters.

A B C D E F G H I J K L M

4	24	18	16	26	24	13	3		25	24	15	7	11	5
17		16		11		11				18		3		24
23	24	21	17	13	24	26	3		5	22 R	24 A	3		22 Y
3		17		18		26		3		11		18		24
19	17	23	4	16	20	3		14	17	5	1	16	17	10
2		3		24		22		26		26		24		17
			4	26	24	4	1	3	10		17	22	17	4
24		18		4		23		22		3		10		3
10	3	24	9		5	17	24	23	16	12	24			
3		15		3		5		24		3		1		12
8	11	17	18	18	12	3		12	24	15	26	16	4	3
11		12		18		4		17		26		18		4
24	11	12	24	17	26		15	6	24	22	17	23	24	4
26		11		23				3		17		16		3
3	23	4	17	13	23		3	10	11	15	24	18	12	3

N O P Q R S T U V W X Y Z

REFERENCE GRID

1	2 Y	3	4	5	6	7	8	9	10	11	12	13
14	15	16	17	18	19	20	21	22 R	23	24 A	25	26

SONGWRITERS

13	3	16	22	13	3	■	24	23	10	■	■	■
17	22	24	■	13	3	22	4	1	19	17	23	■

Codebreak

A B C D E F G H I J K L M

1	2	3	4	5	6	7	8	9	10	11	12	13	14	15
1	8	2	11	4	10	3	8	1	9	25	▓	2	▓	21
▓	2	▓	2	▓	2	▓	3	▓	26	▓	2	21	24	9
2	5	5	14	23	14	2	1	14	3	11	▓	1	▓	23
▓	1	▓	23	▓	11	▓	9	▓	6	▓	21	20	17	9
24	▓	18	▓	▓	5	▓	▓	▓	9	▓	▓	2	▓	17
2	23	20	19	11	20	4	▓	17	8	2	12	23	9	8
17	▓	2	▓	▓	23	3	26	9	4	▓	▓	14	▓	14
9	2	8	23	▓	▓	11	▓	23	▓	▓	4	1	9	1
8	▓	2	▓	▓	13	14	23	1	4	▓	▓	14	▓	14
25	7	11	2	19	14	21	▓	4	14	2	19	9	4	9
2	▓	1	▓	▓	11	▓	▓	8	▓	▓	4	▓	▓	4
4	12	14	19	▓	22	▓	4	▓	23	▓	1	▓	2	▓
24	▓	11	▓	17	14	17	23	14	3	10	24	14	23	9
9	26	9	8	▓	11	▓	20	▓	14	▓	2	▓	3	▓
8	▓	25	▓	2	15	15	8(R)	2(A)	11(N)	25	14	16	9	25

N O P Q R S T U V W X Y Z

REFERENCE GRID

1	2 A	3	4	5	6	7	8 R	9	10	11 N	12	13
14	15	16	17	18	19	20	21	22	23	24	25	26

A B C D E F G H I J K L M

12	20	21	4	16	3	10	■	13	16	20	9	22	10	7
8	■	5	■	4	■	22	■	1	■	9	■	10	■	10
8	22	10	7	8	10	4	26	21	■	10	16	20	2	24
10	■	27	■	13	■	10	■	22	■	22	■	22	■	24
11	12	22	16	7	2	■	8	12	22	22	16	12	20	10
24	■	12	■	■					16	■	26	■	■	22
21	9	4	8	10					1	10	10	6	■	
22	■	■	1						1	■	■	■	11	
■	2	12	1	21					12	15	23	10	22	
7	■	4	■	25				■	■	■	10	■	10	
8	21	4	13	9	7	10	26	■	11	22	16	7	10	26
14	■	10	■	10	■	12	■	18	■	16	■	24	■	12
24	21	17	16	4	■	5	16	10	19	11	21	16	4	24
2	■	10	■	8	■	10	■	7	■	10	■	12	■	10
10	4	26	1	10	7	7	■	24(T)	12(A)	4(N)	20	1	10	26

N O P Q R S T U V W X Y Z

REFERENCE GRID

1	2	3	4 N	5	6	7	8	9	10	11	12 A	13
14	15	16	17	18	19	20	21	22	23	24 T	25	26

⑨² Codebreak

Code-cracking grid with column references A–M (top) and N–Z (bottom).

	A	B	C	D	E	F	G	H	I	J	K	L	M
1		26	9	11	23		17		23		26	9	6	10
2	21		6	5	11		7		22		10	22	17		4
3	6		12	11	26	6	13	7	6	26	7	22	17		11
4	3	9	11	11	12	2		26		11	17	23	11	12	2
5	26		2		11	5	7	2	22	25	11		8		26
6	22			25		17		18		14		11
7	12	6	3	11	2		15		2		5	6	5	11	12
8		22	18	7		19	2	11		11	20	11	
9	18	11	1	7	17		11		12		17	6	26	6	13
10	13		26		2		16		14		19
11	6		6		26	6	26	26	11	12	2		24		23
12	23	6	17	26	11	13		22		6	5	13	22	23	18
13	11		26	12	11	5	7	25	6	26	7	22	17		11
14	25		7	22	17		16		8		17(N)	22(O)	25(D)	12
15		6	3	26	2		20		11		2	5	6	17

N O P Q R S T U V W X Y Z

REFERENCE GRID

1	2	3	4	5	6	7	8	9	10	11	12	13
14	15	16	17 N	18	19	20	21	22 O	23	24	25 D	26

Codebreak ⟨93⟩

Solve the clue and the answer will give you 3 starter letters.

A B C D E F G H I J K L M

19	12	21	5	2	22	12	2	4		15	19	13	24	5
3		20		9		3		19				3		8
1	19	9	9	5	3	2	22	1	22		26	2	22	4
5		20		6		19		6		21		26		21
26	20	10	13	12		9	5	10	3	19	24	11	2	19
		3				11		22		23		5		9
4	19	22	10	19	24	24	16		24	19	6	26	20	11
20				4		5		6		3				5
3	10	22	21	5	26		6	3	20	26	10	4	5	26
14		17		12		24		5				19		
22	19	10	4	2	9	5	22	22		26	2	18	20	9
4		5		4		19		5		3		20		10
3	5	19	1		20	7	5	3	21	19	10	24	5	26
5		14				5		7		1		5		11
25	3	16	24	16		22	14	5	26	19	26	26	24	5

N O P Q R S T U V W X Y Z

REFERENCE GRID

| 1 | 2 | 3 | 4 | 5 | 6 | 7 | 8 | 9 | 10 | 11 | 12 | 13 |
| 14 | 15 | 16 | 17 | 18 | 19 | 20 | 21 | 22 | 23 | 24 | 25 | 26 |

CLUE: A supernatural event

| ¹M | ² | ³ | | | | |

	A	B	C	D	E	F	G	H	I	J	K	L	M
1	14	15	15	10	20	20	■	13	14	3	17	21	6
2	19	■	21			22	■	14	■		14		21
3	17	14	17	10		11	6	8	10	15	3	■	24
4	14	■	6	■	4	■	21	■		3	24		18
5	11	■	10		2	10	14	17	5	■	16	■	25
6	5	17	14	13	14	■	13	■	10	12	10	17	3
7	■	24			15	17 (R)	14 (A)	23 (W)	16	■		24	■
8	15	10	16	16	21	■	1	■	14	5	14	18	10
9	14	■	11	■	6	10	10	5	26	■	13	■	5
10	9	11	14	■		17	■	21	■	■	2	■	11
11	21	■	2	21	17	17	21	23	■	7	24	11	3
12	17	■	16	■		21	■	10	■	■	20		21
13	3	17	10	13	21	17	■	16	14	3	25	10	17

N O P Q R S T U V W X Y Z

REFERENCE GRID

1	2	3	4	5	6	7	8	9	10	11	12	13
14 A	15	16	17 R	18	19	20	21	22	23 W	24	25	26

Code letters across top: A B C D E F G H I J K L M

Code letters across bottom: N O P Q R S T U V W X Y Z

A	B	C	D	E	F	G	H	I	J	K	L	M
■	2	■	4	5	25	■	15	5	4	21	12	16
1	26	5	12	12	16	■	20	4	5	14	9	13
■	17	12	24	21	12	20	17 (P)	5	4	24	21	20
6	■	2	21	23	9	4	5 (A)	12	9	11	5	18
5	20	8	■	5	■	5	11 (N)	■	12	15	9	9
2	26	9	■	■	24	■	13	■	■	9	11	13
5	11	13	24	12	21	11	5	13	10	9	12	20
12	■	12	■	12	■	■	24	■	3	■	■	12
5	2	2	9	13	9	13	5	13	13	9	11	13
11	21	12	■	■	21	■	25	■	■	21	12	4
13	21	9	■	9	■	22	21	21	■	5	11	16
5	■	4	9	5	20	9	■	13	5	11	2	9
■	18	24	4	4	9	13	■	9	20	4	5	4
20	21	11	11	9	4	■	■	4	9	11	20	9
■	7	■	5	11	5	12	2	8	24	20	4	15

REFERENCE GRID

1	2	3	4	5 A	6	7	8	9	10	11 N	12	13
14	15	16	17 P	18	19	20	21	22	23	24	25	26

Codebreak

When you have completed this puzzle, transfer the letters to the grid below to reveal a Johann Strauss composition.

A B C D E F G H I J K L M

22	17	5	6	10	24	8	1		1	17	7	10	9	1
25		10		2		24				14		14		17
24	20	20	10	11	20	12	17		16	10	1	9	24	12
14		1		25		17		8		12		1		24
10	2	17	20	17	1		23	9	14	24	21	9	10	20
20		8		20		15		3**S**		8		3		21
		3	21	8	24	21	10**O**	3	2	4	17	8	17
12		17			25		21**T**				1		1
24	3	3	9	18	9	25	24	21	9	10	20		
2		2		17		10		10		1		6		24
3	4	10	19	1	10	19	20		9	1	17	24	25	3
9		11		25		3		26		18		20		12
12	24	3	11	24	25		13	11	7	17	20	9	25	12
11		24		8			9			20		3		20
18	10	25	17	3	21		3	21	9	21	12	4	17	1

N O P Q R S T U V W X Y Z

REFERENCE GRID

1	2	3 **S**	4	5	6	7	8	9	10 **O**	11	12	13
14	15	16	17	18	19	20	21 **T**	22	23	24	25	26

COMPOSITION

21	24	25	17	3		23	8	10	18		21	4	17
	7	9	17	20	20	24		19	10	10	1	3	

Codebreak 97

A B C D E F G H I J K L M

13	16	11	13	░	26	3	20	3	6	░	24	11	22	4
░	9	░	7	13	3	░	░	21	7	22	░	9	░	░
░	24	21	12	16	3	22	░	7	18	17	3	13	12	░
░	░	8	3	7	22	░	12	░	18	17	7	22	░	░
19	░	3	22	22	░	18	3	7	░	3	1	3	░	3
22	21	3	░	14	7	6	7	22	11	7	░	20	7	5
3	░	░	3	18	17	23	░	13	21	6	7	░	░	17
3	7	18	12	░	22	░	░	12	░	18	7	22	11	
15	░	░	7	12	21	14	░	4	7	22	1	░	░	22
3	2	3	░	7	10	7	6	23	18	3	░	18	9	3
22	░	14	7	10	░	12	21	3	░	13	7	12	░	4
░	░	11	22	1	░	18	░	8	░	7	11	22	23	
░	18	12	22 (R)	3	3	12	░	9	░	10	12	11	3	18
░	9	░	21 (O)	22	3	░	░	░	12	3	3	░	1	░
18	10	21	20 (W)	░	17	11	25	9	3	░	18	6	11	14

N O P Q R S T U V W X Y Z

REFERENCE GRID

1	2	3	4	5	6	7	8	9	10	11	12	13
14	15	16	17	18	19	20 W	21 O	22 R	23	24	25	26

Codebreak

When you have completed this puzzle, transfer the letters to the grid below to reveal a TV programme about Quentin Crisp.

A B C D E F G H I J K L M

20	5	26	21	16	9	7	8	6	22	3		19		7
	12		15		2		5		5		18	21	22	6
21	2	4	21	2	16	21	22	9	2	4		19		2
	8		22		21		8		7		26	6	2	4
6		19			10			1			22		22	
11	22	5	18	9	21	22		19	21	14	14	5	4	21
13		4		16	6	8	21	14			11		14	
21	22	2	21		6		22			19	9	14	14	
7		9		14	23	21	9	2			26		19	
8	6	25	25	21	21	14		8	21	17	12	9	26	5
9		9			5			24			5		2	
20	9 I	7 C	21 E		25		25		1		26		19	
9		21		11	6	12	22	4	21	6	9	14	9	21
8	21	2	8		6		21		15		5		26	
3		8		5	16	20	21	22	14	5	22	9	21	14

N O P Q R S T U V W X Y Z

REFERENCE GRID

1	2	3	4	5	6	7 C	8	9 I	10	11	12	13
14	15	16	17	18	19	20	21 E	22	23	24	25	26

TV PROGRAMME

8	1	21	■	2	5	23	21	16	■	■	■	■
7	9	20	9	26	■	14	21	22	20	5	2	8

Codebreak 99

A B C D E F G H I J K L M

23	13	2	14	1		3	8	9		18	8	7	11	14
25		8			8	2	22	25	14		2			8
23	8	9	26		9	14	14	24	17		11	14	22	23
7	5	22			9	8	24	5	2			20	8	4
14	18	14	2	22	14	23		23	5	8	18	14	23	14
3		2		14	12	14	2	4	14	24		9		2
4	25	23	23	11	14		8		23	15	6	4	14	9
	2		13			15	19	5		8			20	
23	9	14	14	10	14		19		13	14	24	22	14	23
21		18		5	9	3	5	23	15	2		11		14
25	23	25	2	7	14	2		14	2	8	23	25	2	14
14	14	11			2	15	19	14	23		3 **C**	15	4	
8	1	8	17		22	9	15	18	14		18	15 **O**	4	13
11		4		17	14	11	11	23			23 **S**			14
23	11	14	7	4		23	4	17		16	14	14	2	23

N O P Q R S T U V W X Y Z

REFERENCE GRID

1	2	3 **C**	4	5	6	7	8	9	10	11	12	13
14	15 **O**	16	17	18	19	20	21	22	23 **S**	24	25	26

⑩⓪ Codebreak

A B C D E F G H I J K L M

8	5	10	11	25	16	22	24		6	21	10	9	25	13
25		14		23		10			13		14		14
10	5	22	14	21	2	5	10		25	1	1	4	5	22
22		21		13		15		26		2		22		22
5	7	25	22	21	9		9	14	10	14	23	14	9	5
7		13		25		14		2		11		18		10
		16	13	14	12	16	2	22	5	10(R)	14(A)	22(T)		5
14		26			17		5				20		12
11	5	10	10	20	26	25	10	25	16	13	12		
3		14		14		16		13		5		4		23
10	5	9	5	13	22	10	5		19	16	14	15	5	10
25		5		15		13		3		22		5		14
4	16	1	1	21	7		13	14	10	10	25	18	2	20
21		16		13			2		14		5		5
14	2	2	5	26	5		12	5	9	2	14	10	5	12

N O P Q R S T U V W X Y Z

REFERENCE GRID

| 1 | 2 | 3 | 4 | 5 | 6 | 7 | 8 | 9 | 10 R | 11 | 12 | 13 |
| 14 A | 15 | 16 | 17 | 18 | 19 | 20 | 21 | 22 T | 23 | 24 | 25 | 26 |

When you have completed this puzzle, transfer the letters to the grid below to reveal a scientist who invented the theory of relativity.

A B C D E F G H I J K L M

A	B	C	D	E	F	G	H	I	J	K	L	M
25	17	12	3	22	5	3	12	2			9	
	16		12		12		13		12	3		13
22	5	12	3	15	25	8	22	12	18	22	7	13
		26		11		10		12		9		17
	9	13	3	25	7	8	12	3	13	20	10	4
		20			22		10		17		13	
12	19	20	10	8	22		12	19	22	13	10	20
			21		9		23		22			
9	25	19	24	7	3	25	3		14	12	22	22
		13		13		19		1			7	
26	12	23	10	19		6	25	25	3	24 (J)	13 (A)	15 (M)
13		23		6		12		6		13		26
9	3	10	15	12	13	19		10	15	11	13	20
4		19		3		8		13		13		12
8		23			12	9	9	12	19	22	3	10

N O P Q R S T U V W X Y Z

REFERENCE GRID

1	2	3	4	5	6	7	8	9	10	11	12	13 (A)
14	15 (M)	16	17	18	19	20	21	22	23	24 (J)	25	26

SCIENTIST

13	20	26	12	3	22	■	12	10	19	8	22	12	10	19

⟨102⟩ Codebreak

A B C D E F G H I J K L M

A	B	C	D	E	F	G	H	I	J	K	L	M
	12		1	20	4		5		6	20	11	16
17	9	5		22	9	5	12	8	9	26	2	20	10
	20	21	24	7	26		20		8	20	14	9	8
19		9		21	3	13	13	7	21	5		26	20
15	5	9	11		2		9		5		9	11	7	12
20	9	8	7	9		20	5	5		20	24	9	8	12
8	20	5	25	7	21	13		14	20	12	9	8	9	8
12				11	3	9		3	7	26			20 (**A**)
9	20	5	12	9	8	21		25	26	20	5	12	7	14 (**C**)
8	15	26	9	8		12	7	9		5	18	3	8	12 (**T**)
9	22	9	11		6		21		24		17	3	22	9
11		20		20	7	8	5	18	7	25		12		11
	20	23	15	8	9		9		24	9	10	9	11
14	8	17		7	21	9	8	12	7	20		11	3	13
	9		3	11	11		12		11	8	17		21	

N O P Q R S T U V W X Y Z

REFERENCE GRID

1	2	3	4	5	6	7	8	9	10	11	12 **T**	13
14 **C**	15	16	17	18	19	20 **A**	21	22	23	24	25	26

Codebreak (103)

When you have completed this puzzle, transfer the letters to the grid below to reveal a classic TV comedy programme.

A B C D E F G H I J K L M

9	18	4	4	15	18	2	18	20	26	18		4		18
	10		18		9		3		2		4	22	5	13
9	18	20	20	22	22	2	26	17	23	17		2		13
	16		20		20		1		6		17	23	16	6
26		4			26			21				25		18
2	6 E	18 A	23 T	6	17	23		3	6	17	13	6	25	17
7		2			15	26	14	6	25			23		6
5	2	1	22			21		19			17	6	18	11
26		6			25	6	24	6	25			11		6
17	6	20	23	12	6	25		1	6	18	1	13	18	2
26		18			8				4			17		23
23	5	9	6		6		1		26		17		15	
22		25		18	4	4	6	2	23	5	18	23	6	1
25	22	5	23		23		6		18		2		18	
17		11		18	17	23	25	22	20	22	21	6	25	17

N O P Q R S T U V W X Y Z

REFERENCE GRID

1	2	3	4	5	6 E	7	8	9	10	11	12	13
14	15	16	17	18 A	19	20	21	22	23 T	24	25	26

PROGRAMME

| 10 | 15 | 18 | 23 | 6 | 3 | 6 | 25 | ■ | 15 | 18 | 13 | 13 | 6 | 2 | 6 | 1 | ■ |
| 23 | 22 | ■ | 23 | 15 | 6 | ■ | 20 | 26 | 14 | 6 | 20 | 16 | ■ | 20 | 18 | 1 | 17 |

Codebreak

A B C D E F G H I J K L M

8	23	16	4		15	2	26	12	12		6	4	4	18
	19	4	13	26		16		7		7	26	13	9	
7	10	10	4	11	19	10		1 (K)	26	16 (N)	25	13	4	25
20		22		19	13	23	17	4	3	10		7		7
3	18	7	21		9		23		9		20	10	7	9
4		18	4	10		20	1	26		18	4	26		25
13	2	18	4	13		10	4	16		26	16	3	2	13
10			1	7	18	4		12	23	16	25			4
7	18	18	4	9		4	24	4		14	4	16	23	7
26		4	16	20		19	7	13		23	13	4		11
16	4	4	25		2		26		12		20	10	9	4
4		21		3	13	26	16	14	4	25		21		13
25	4	7	3	23	16	20		13	4	7	20	23	16	20
	14	13	23	21		18		26		11	4	13	4	
19	23	25	20		10	4	5	10	20		4	1	4	25

N O P Q R S T U V W X Y Z

REFERENCE GRID

1 K	2	3	4	5	6	7	8	9	10	11	12	13
14	15	16 N	17	18	19	20	21	22	23	24	25	26 I

A B C D E F G H I J K L M

6	3	25	1	13	25	1	13	■	14	18	6	17	24	18
26	■	23	■	10	■	17	■	■	■	24	■	2	■	20
25	16	10	14	4	25	6	10	■	15	17	21	2	20	4
23	■	18	■	14	■	10	■	23	■	1	■	6	■	4
22	1	17	26	26	21	■	18	17	21	23	17	26	26	6
21	■	19	■	25	■	6	■	25	■	7	■	14	■	10
■	■	10	1	23	7	14	1	26	25	1	■	13	4	21
2	■	2	■	■	14	■	25	■	■	■	10	■	■	10
14	16	14	11	26	25	9	10	1	10	6	6	■	■	■
25	■	4	■	10	■	25	■	13	■	5	■	12	■	6
26	25	23	22	4	25	1	13	■	12	20	26	14	1	26
7	■	17	■	6	■	13	■	23	■	10	■	24	■	14
2	25	1	25	26	10	■	2	14	23	10	4	25	2	26
20	■	24	■	14	■	■	■	24	■	8	■	1	■	20
4	14	21	10	24	6	■	16	10	4 (L)	10 (E)	13 (G)	14	26	10

N O P Q R S T U V W X Y Z

REFERENCE GRID

1	2	3	4 L	5	6	7	8	9	10 E	11	12	13 G
14	15	16	17	18	19	20	21	22	23	24	25	26

106 Codebreak

A B C D E F G H I J K L M

A	B	C	D	E	F	G	H	I	J	K	L	M
■	16	24	25	20	18	21	■	15	23	12	19	7 · 25
18	■	20	■	■	5	■	12	■	8	■	1	■ · 12
8	18	2	■	2	18	8	19	11	7	8	21	18 · 3
8	2	12	10	■	26	18	19	7	25	■	10 · 7	9 · 8
7	26	20	7	8	■	11	7	18	■	2	18	26 · 7 · 19
26	7	8	19	■	8	12	26	26	3	■	8	24 · 19 · 7
19	■	24	■	24	20	20	■	20	7	19	22 **M**	■ · 26
■	18	25	12	26	7	■	■	18	26	22	7 **E**	25 · ■
14	■	7	■	16	7	3	■	21	26	3	20 **N**	■ · 18
11	18	26	25	■	26	24	21	7	20	■	8	19 · 18 · 9
18	4	18	24	11	■	7	26	18	■	17	7	18 · 11 · 8
22	12	19	7	■	14	11	24	26	19	■	7	11 · 8 · 7
7	10	7	■	21	18	25	25	11	7	8	■	24 · 12 · 20
8	■	11	■	■	10	■	7	■	18	■	6	■ · 19
■	21	3	11	12	20	8	■	13	26	18	6	7 · 25 · ■

N O P Q R S T U V W X Y Z

REFERENCE GRID

1	2	3	4	5	6	7 **E**	8	9	10	11	12	13
14	15	16	17	18	19	20 **N**	21	22 **M**	23	24	25	26

A B C D E F G H I J K L M

A	B	C	D	E	F	G	H	I	J	K	L	M
18	10	10	17		11	16	10	10	3		6	23	10	24
15	1	18		15		24		21		8		16	1	3
3	26	15	22	24		10	9	10		10	13	20	1	26
14		3		22	26	14		1	23	20		10		17
	23	2	1	10	24		12		14	26	15	1	5	
26			10		17	22	16	7	10		3			21
4	23	7	8	24		10	7	16		25	10	8	1	26
20			23		22	26	17	24	10		1			1
10	3	24	16	10		24	10	10		24	20	10	10	17
14			3		6	10	1	14	24		15			24
	21	10	14	2	10		24		26	21 W	26 A	1 R	10	
8		9		15	7	17		26	17	10		10		19
23	17	10	3	24		10	26	1		10	22	26	20	10
24	15	1		20		26		15		18		14	23	10
24	20	5	10		8	1	10	26	14		10	5	10	14

N O P Q R S T U V W X Y Z

REFERENCE GRID

1 R	2	3	4	5	6	7	8	9	10	11	12	13
14	15	16	17	18	19	20	21 W	22	23	24	25	26 A

108 Codebreak

A B C D E F G H I J K L M

26	14	23	23 (S)	20 (E)	5	5 (T)	20	23		23	13	20	19	6
24		19		22			12		11		22		9	
2	19	14	3	20	9	23		18	9	14	5	5	19	20
12		21		4		19			9		20		20	
26	9	12	4	18		14	9	4	14	4	20	15	5	23
	15		5		15		12			8		5		
5	14	25		20	19	8	20	23	5		20	23	18	16
9			8		20		17		23			19		
20	14	9	15		14	9	7	24	23	20		1	7	20
15		20			20		7		18		20			
8	12	23	26	9	20	8	12	5		5	7	9	26	13
12		7		12			20		24		12		14	
20	15	19	12	10	20	15		8	20	18	12	26	5	23
23		10		20		20			19		13		5	
5	9	20	14	5		11	13	20	9	20	6	7	9	20

N O P Q R S T U V W X Y Z

REFERENCE GRID

1	2	3	4	5 (T)	6	7	8	9	10	11	12	13
14	15	16	17	18	19	20 (E)	21	22	23 (S)	24	25	26

A B C D E F G H I J K L M

Main grid (blank cells are shaded/blocked):

A	B	C	D	E	F	G	H	I	J	K	L	M
1	17	11		7		12		12		14	16	22 19
	8	10	22	6	26	17		11	17	7	21	17 5
12	10	17	20	17		22	12	12		21	7	23 23 7
22	26	26	17	11		16		23		6 7	16	17 3
15		3		12	22	14	25	17	23	12	17	17
	12	17	23			25	17	21		16	22	21
10	5	3	10	20	7		16		21	22 10	3	17 5
	10		20	22	13	12		24	4	10	23	12
7	3	3	17	12	23		9		3	16 17	12	12 11
	17	16	16			8	17	23		12	23	11
16		22		7	18	10	3	10	2	17	22	6
4	13	13	17	16		12		21		5 17	16	8 17
6	26	17	5	3		10	14	17		12 22	26	22 3
	22	16	3 (D)	17 (E)	5 (N)	23		16	7	4 23	17	12
22	5	11		16		12		12		17	23	17 5

N O P Q R S T U V W X Y Z

REFERENCE GRID

1	2	3 D	4	5 N	6	7	8	9	10	11	12	13
14	15	16	17 E	18	19	20	21	22	23	24	25	26

Codebreak

	A	B	C	D	E	F	G	H	I	J	K	L	M
		20	6	20	7	10	4		20	16	8	13	26
	10	1	20			22	1	12			9	20	14
	15	10	26	21		17	13	24	1	10		2	20
	10	20	21			13	4	16	10	1		25	18
		26	10	1	2	10			20	5	5	10	3
	19				10	25	24	12	26				19
	18	24	25		22	4	10		10	10	18		9
	20	1	1	22			4	13	4		20	23	13
	7	10	3		18	20	12		21	20	11		2
	10				18	10	20	26	21				26
		25	13	1	26	10			22	23	22	4	10
	21	10	4		1	10	26	24	4		20	11	10
	20	1	24	16		21	1	20	16	10		10	15
	5	24	21			1	3	10			20	18	18
		18	10	20	26	10	26		20	1	20	5	18

N O P Q R S T U V W X Y Z

REFERENCE GRID

1 R	2	3	4	5	6 W	7	8	9	10	11	12	13
14	15	16	17	18	19	20	21	22 O	23	24	25	26

Codebreak (111)

A B C D E F G H I J K L M

19	5	8	22	23	9	8	12	6	▓	17	13 **H**	6	10
23	▓	26	▓	21	▓	26	▓	24	▓	18	23 **A**	▓	
5	6	16	11	8	26	18	▓	11	17	9	11	20 **B**	6	5
1	▓	25	▓	24	▓	9	▓	26	▓	25	▓	8	▓	6
▓	20	5	6	6	3	8	26	21	▓	7	25	9	6	3
20	▓	6	▓		▓	24	▓	23	▓	20	▓	23	▓	25
5	25	3	3	6	5	▓	23	9	13	24	6	9	8	17
11	▓	▓	14	▓	15	▓	6	▓	6	▓		▓	8	
2	23	18	9	6	10	25	24	▓	20	5	11	1	6	26
20	▓	11	▓	5	▓	23	▓	23	▓	▓	8	▓	21	
6	7	7	6	9	▓	5	6	21	8	7	6	26	9	▓
23	▓	6	▓	8	▓	9	▓	6	▓	23	▓	3	▓	20
9	5	11	25	26	17	6	▓	26	6	25	9	5	23	24
▓	▓	26	▓	21	▓	5	▓	9	▓	22	▓	6	▓	25
6	4	6	18	▓	18	25	18	19	6	26	3	6	5	

N O P Q R S T U V W X Y Z

REFERENCE GRID

1	2	3	4	5	6	7	8	9	10	11	12	13 **H**
14	15	16	17	18	19	20 **B**	21	22	23 **A**	24	25	26

112 Codebreak

	A	B	C	D	E	F	G	H	I	J	K	L	M
			12		15		23	9	26		6		25
		3 (T)	19	7	25	8	13	24	9	19	20	11	13
	20	23 (A)	3	9	7	1	9	3	20	19	19	1	13
		5 (P)		20	19	23	13		21	23	20	3	23
	17	19	3			12		4		2	13	3	24
		8	25	19		19	20	9	3	19	3	19	19
	23	13	3	19	8	23	8	19	20	9	3	8	19
	8		8	23	9	11		5	8	9	10		26
	15	23	6	9	7	20	19	9	5	19	8	9	20
		6	19	19		12	19	20	11	13	8	9	11
	16	23	3			25		1		23	26	19	3
		15		23	26	19	7		13	12	23	24	23
	14	22	9	3	19	19	16	19	3	19	20	20	13
		13	7	19	19	18	19	15	20	25	13	19	13
		7		1		11	25	3		26		10	

N O P Q R S T U V W X Y Z

REFERENCE GRID

1	2	3 T	4	5 P	6	7	8	9	10	11	12	13
14	15	16	17	18	19	20	21	22	23 A	24	25	26

A B C D E F G H I J K L M

22	15	11	18	15	25	23		14	15	21	17	4	15	23
15		21		1	15	21	25	15	11	23		26		15
15	10	5		6	21	9		6 (G)	21 (A)	23 (S)		16	15	2
18		5	4	15	18				23	15	11	15		5
15	18	25	24	23	5	23		1	15	5	15	11		21
23	15	15	1			14	15	11			1	15	21	18
5	15	1		23	14	21		24	25	25		1	26	5
	1		20	7	24	5		19	15	21	25		11	
26	25	1		18	15	5		19	21	14		21	5	15
10	15	15	5		15	15	25			23	13	21	18	
10		17	24	1	15	11		15	21	23	24	15	23	5
24		21	17	11	15			1	26	18	23		24	
17	26	9		24	11	15		3	21	12		26	11	17
15		15		25	24	18	15	21	6	15		8		15
11	24	1	1	25	15	1		8	15	11	6	15	11	23

N O P Q R S T U V W X Y Z

REFERENCE GRID

1	2	3	4	5	6 G	7	8	9	10	11	12	13
14	15	16	17	18	19	20	21 A	22	23 S	24	25	26

Codebreak

When you have completed this puzzle, transfer the letters to the grid below to reveal a horror film.

A B C D E F G H I J K L M

26	24	9	21	13	12	4	23	25	3	16		13		21
	11		26		1		12		21		20	12	14	5
23	24	8	21	3	14	24	4	9	21	19		19		4
	16		14		25		15		14		24	4	18	21
21		8			3			24			25			10
7	2	12	22	22	21	13		24	4	4	25	2	14	23
2		25			13	3	24	17	23			3		12
21	24	4	6			24		25			19	24 **A**	1 **G**	25 **O**
19		6			24	10	3	25	14			1		14
23	21	21	14	24	1	21		23	24	17	17	21	23	24
3		18			24			1			19			9
12	3	12	19		12		15		1		1		18	
24		4		24	14	14	12	6	12	9	24	23	21	13
14	21	24	10		19		9		14		9		19	
19		9		19	23	21	14	25	1	3	24	10	6	16

N O P Q R S T U V W X Y Z

REFERENCE GRID

1 G	2	3	4	5	6	7	8	9	10	11	12	13
14	15	16	17	18	19	20	21	22	23	24 A	25 O	26

HORROR FILM

11	6	24	23	21	26	21	3	■	6	24	10	10	21	14	21	13
■	23	25	■	8	24	8	16	■	20	24	14	21	■	■	■	■

A B C D E F G H I J K L M

A	B	C	D	E	F	G	H	I	J	K	L	M
▓	23	17	2	▓	13	21	14	22	12	▓	17	22	3
8	17	16	14	6	▓	9	17	3	▓	19	6	14	17	22
19	18	19	22	▓	1	19	18	21	22	▓	7	14	12	14
20	▓	9	25	9	14	12	▓	18	17	3	19	6	▓	10
▓	4	▓	7	14	12	▓	24	▓	10	19	12	▓	17	▓
26	25	25	▓	17	▓	6	5	14	▓	9	▓	25	10	24
25	12	12	14	18	22	▓	18	▓	22	12	17	2	24	14
9	▓	11	▓	▓	3	18	19	26	14	▓	▓	14	▓	17
14	9	14	18	20	5	▓	23	▓	12	25	17	22	12	22
22	19	18	▓	17	▓	12	17	15	▓	17	▓	14	18	14
▓	3	▓	22	3	17	▓	24	▓	17	12	14	▓	5	▓
			S	P	A									
26	▓	22	12	14	18	▓	9	▓	17	23	11	14	6	▓ 4
19	6	24	14	▓	12	14	9	22	14	▓	18	25	24	14
3	18	25	3	22	▓	12	25	12	▓	24	19	23	19	12
▓	5	14	22	▓	22	12	18	19	3	▓	14	16	14	▓

N O P Q R S T U V W X Y Z

REFERENCE GRID

1	2	3 P	4	5	6	7	8	9	10	11	12	13
14	15	16	17 A	18	19	20	21	22 S	23	24	25	26

Codebreak

Solve the anagram and the solution will give you 3 starter letters.

A B C D E F G H I J K L M

20	21	17	4	21	24	24	13	3			22		26
	21		7		14		6		8		6		21
11	17	21	1	9	18	13		18	8	25	6	3	13	24
	20		23		17		10		16		24		13
	12	6	1	13	12	26	8	3		13	2	13	17	24
	3				12		8		18		17
5	6	4	5	8	4		8	26	13	24	14	15	12	24
			9		11		13		23
19	9	8	3	1	8	17	15		18	15	4	3	13	24
	25		6		21		6		13
22	8	12	24	13		7	8	4	17	8	3	18	15
6		21		3		6		23		2		10
12	11	23	6	18	13	1		21	26	6	24	24	13	1
13		7		13		13		21		8		6
17		13			17	13	12	6	23	6	13	3	24

N O P Q R S T U V W X Y Z

REFERENCE GRID

1	2	3	4	5	6	7	8	9	10	11	12	13
14	15	16	17	18	19	20	21	22	23	24	25	26

ANAGRAM: Tsarina

8	17	24				

Codebreak ⑪⑦

A B C D E F G H I J K L M

6	24	6	14	■	6	14	3	9	1	■	25	6	8	14
1	■	1	9	6	22	■	■	■	9	24	6	22	■	6
21	22	5	9	17	10	14	■	14	16	6	23	21	22	15
10	19	19	■	9	■	19	8	9	■	4	■	14	9	6
■	10	18	15	■	6	25	9	10	14	■	16	9	10	■
26	■	8	6	21	1	■	9	■	9	4	9	9	■	24
18	8	22	14	■	1	9	20	9	8	■	9	1	1	23
9	■	■	4	18	8	9	■	6	11	21	1 (D)	■	■	8
14	6	8	21	■	9	24	6	10	9	■	21 (I)	14	24	9
10	■	21	22	22	14	■	2	■	8	6	22 (N)	10	■	14
■	24	19	15	■	14	6	24	9	14	■	15	19	10	■
12	6	10	■	13	■	15	9	12	■	5	■	8	19	9
6	17	9	10	6	10	9	■	18	22	21	20	21	9	1
7	■	8	19	14	9	■	■	19	15	9	9	■	■	15
9	6	14	10	■	22	9	11	9	8	■	9	14	4	23

N O P Q R S T U V W X Y Z

REFERENCE GRID

1 D	2	3	4	5	6	7	8	9	10	11	12	13
14	15	16	17	18	19	20	21 I	22 N	23	24	25	26

118 Codebreak

When you have completed this puzzle, transfer the letters to the grid below to reveal a Christmas carol.

A B C D E F G H I J K L M

	13	10	23	3	6	5	3	16	24	18	15	17	9	
		13		18		13		9		26		3		
4	11	1	18	16	26	19		25	9	9	16	11	10	2
18		1				9		9		12		24		18
20	9	17	12	9	26		19	23 C	18 A	24 T	24	9	16	19
4		9		18		18		24				16		24
18	19	19	9	24		21	13	11	10	23	9	19		16
16				13		13		3		18				3
26		9	14	12	17	18	11	10		15	18	23	3	10
10		14				6		19		11		7		3
9	24	7	9	16	9	18	17		11	10	5	11	16	6
19		13		13		16		17				2		11
19	18	6	13	16	18	11		18	16	19	9	10	11	23
		9		18		10		8		22		3		
	18	26	13	17	24	9	16	18	24	11	3	10	19	

N O P Q R S T U V W X Y Z

REFERENCE GRID

1	2	3	4	5	6	7	8	9	10	11	12	13
14	15	16	17	18 A	19	20	21	22	23 C	24 T	25	26

CHRISTMAS CAROL

7	18	16	22		24	7	9		7	9	16	18	17	26
	18	10	2	9	17	19		19	11	10	2			

Codebreak (119)

When you have completed this puzzle, transfer the letters to the grid below to reveal an England cricket captain.

A B C D E F G H I J K L M

15	5	2	11	20	26	22	1	11	▓	10	17	25	6	2
17	▓	23	▓	9	▓	20	▓	5	▓	▓	7	▓	▓	1
11	18	26	11	1	16	26	19	19	12	▓	2	17	21	20
1	▓	6	▓	5	▓	7	▓	5	▓	16	▓	3	▓	9
2	17	19	5	21	▓	11	6	7	11	20	11	5	8	6
▓	▓	4	▓	▓	▓	19	▓	22	▓	4	▓	7	▓	19
6	7	1	20	7	4	6	21	▓	15	5	7	22	19	6
19	▓	▓	▓	17	▓	11	▓	1	▓	20	▓	▓	▓	2
5	15	9	26	18	6	▓	13	20	19	19	13	17	12	2
14	▓	18	▓	21	▓	9	▓	7	▓	▓	24	▓	▓	
20	13	17	19	5	2	1	6	21	▓	25	18	5	19	19
13	▓	3	▓	4	▓	12	▓	13	▓	1	▓	21	▓	26
6	6	19	2	**A** 20	**S** 2	**P** 9	5	18	20	11	5	17	7	
11	▓	6	▓	▓	5	▓	19	▓	25	▓	2	▓	22	
1	26	18	18	12	▓	4	20	19	19	5	9	6	18	2

N O P Q R S T U V W X Y Z

REFERENCE GRID

1	2 S	3	4	5	6	7	8	9 P	10	11	12	13
14	15	16	17	18	19	20 A	21	22	23	24	25	26

ENGLAND CRICKET CAPTAIN

15	5	25	6	■	20	11	1	6	18	11	17	7

Codebreak

A B C D E F G H I J K L M

A	B	C	D	E	F	G	H	I	J	K	L	M
	23	16	17		17	16	20	13	8		1	13	26
13		1	16	3	9		16		13	12	13	9	25
26		1	13	7	16	2	1	3	26	16	6	20	14
5	3	2		14	2	13		17	13	20		13	7	6
16			21	13	13	20		17	9	13	10			26
18	6	1	3		2	26	3	9	2		13	8	7	13
	4	13	9	13		16		6		15	3	9	13
3	20	3	7	9 (R)	(A)	24 (M)		17	3	9	9	16	13	8
	13	17	13	13		13		9		6	20	13	2
13	9	2	13		3	20	26	16	18		13	8	13	20
19			2	18	14	26		3	9	16	8			3
13	13	1		13	26	3		26	14	20		3	9	22
9		16	2	8	14	1	7	13	20	18	13	2		13
26		8	13	13	24		14		18	5	3	26		8
	11	6	26		20	16	20	26	5		26	16	17	

N O P Q R S T U V W X Y Z

REFERENCE GRID

1	2	3 A	4	5	6	7	8	9 R	10	11	12	13
14	15	16	17	18	19	20	21	22	23	24 M	25	26

Codebreak

Complete the puzzle and transfer the letter to the grid below to reveal a
novel by George Orwell.

A B C D E F G H I J K L M

18	24	3	14	25	20	14	18	26		7	12	10	8	1
10		14		12		16		14				7		10
16	6	17	17	6	10	1	14	12	4		14	5	10	16
3		5		21		3		14		16		14		6
5	24	3	17	3		17	6	5	23	14	5	6	10	1
		12				6		3		5		1		14
7	14	1	11	17	16	14	1		10	23	5	17	3	5
3				23		18		18		12				3
13	10	2	3	12	1		24	10	25	3	9	3	17	17
23		3		3		11		1				16		
6	1	17	10	9	2	3	1	5		3	19	23	6	25
9		25		4		22		12		15		9		9
6	11	3	14		11	3	9	6	7	3	12	14	5	3
1		12				18		2		12		5		14
13	23	17	5	4		5	12	3	14	5	16 M	3 E	1 N	5

N O P Q R S T U V W X Y Z

REFERENCE GRID

| 1 N | 2 | 3 E | 4 | 5 | 6 | 7 | 8 | 9 | 10 | 11 | 12 | 13 |
| 14 | 15 | 16 M | 17 | 18 | 19 | 20 | 21 | 22 | 23 | 24 | 25 | 26 |

NOVEL

| 14 | 1 | 6 | 16 | 14 | 9 | ■ | 22 | 14 | 12 | 16 |

122 Codebreak

A B C D E F G H I J K L M

18				15	16	12	11	20	4	1				6
3		22		16	6	13		7	1	26		4		23
6	8	1	15	25	21	1		1	26	12	13	25	7	15
5	12	1	4	26		21	25	6		17	25	20	12	1
	20	7	12	26		15	6	13		4	25	25	21	
6			26	5	1		15		17	1	13			9
20	6	15			26	1	13	1	7			6	26	25
12	11	13	1	7	12	21		19	12	15	12	13	25	7
4 L	6 A	5 Y			10	3	7	1	26			1	7	6
1			22	1	13		1		1	17	17			5
	9	4	1	6		23	1	6		7	6	14	1	
4	1	1	7	15		6	4	17		6	11	1	11	13
6	8	6	14	12	11	20		6	26	19	1	7	15	1
2		23		1	5	1		13	12	1		17		24
5				7	1	26	1	1	21	15				13

N O P Q R S T U V W X Y Z

REFERENCE GRID

1	2	3	4 L	5 Y	6 A	7	8	9	10	11	12	13
14	15	16	17	18	19	20	21	22	23	24	25	26

Codebreak 123

Alphabet key (top): A B C D E F G H I J K L M

Grid (numbers; blank = shaded square). Given letters: A=4, N=15, D=10 (the word "AND" shown in the grid).

4		1		6		1	19	5		14		21		26
25	3	19	24	19	3		13		7	22	19	4	20	11
25		13	4	15		24	19	15		19	3	3		25
17	19	19	3			19		4			19	26	26	20
19		17	19	18	19	3		18	8	16	14	19		11
	4		10		9	15	19	4	10		5		16	
19	26	8		11	19	20		17	19	4		4 (A)	15 (N)	10 (D)
19	3	4	20	19						14	4	15	10	11
17	19	5		5	16	25		18	4	5		5	19	19
	19		24		17	16	12	16	5		5		23	
7		14	4	21	17	19		20	19	13	19	3		12
22	15	16	5			3		16			17	4	14	19
16		5	19	15		20	4	5		21	19	5		20
14	3	19	10	16	5		10		12	16	23	19	3	20
9		10		25		2	8	8		15		20		11

Alphabet key (bottom): N O P Q R S T U V W X Y Z

REFERENCE GRID

1	2	3	4 A	5	6	7	8	9	10 D	11	12	13
14	15 N	16	17	18	19	20	21	22	23	24	25	26

Codebreak

A B C D E F G H I J K L M

7	9	23	10	11	23	1	8	▪	7	19	19	7	2	1
12	▪	25	▪	7	▪	5	▪	▪	5	▪	16	▪		23
7	25	7	14	1	2	16	15	▪	5	1	14	6	2	26
22	▪	16	▪	26	▪	23	▪	4	▪	13	▪	25	▪	23
23	25	23	9	23	10	▪	14	7	4 B	2 I	10 N	23	16	8
10	▪	26	▪	10	▪	14	▪	20	▪	14	▪	16	▪	2
▪	▪	▪	7	8	24	6	15	21	2	7	16	2	10	11
7	▪	18	▪	▪	7	▪	2	▪	▪	▪	14	▪	▪	10
13	5	20	10	16	7	2	10	16	5	24	8	▪	▪	
4	▪	7	▪	2	▪	10	▪	23	▪	1	▪	8	▪	23
2	1	1	20	24	16	23	26	▪	17	2	25	16	23	26
23	▪	16	▪	24	▪	26	▪	3	▪	9	▪	1	▪	2
10	23	23	26	25	23	▪	4	5	16	7	10	2	8	16
14	▪	1	▪	23	▪	▪	10	▪	16	▪	14	▪	5	
23	10	8	20	1	23	▪	26	23	19	23	14	16	5	1

N O P Q R S T U V W X Y Z

REFERENCE GRID

1	2 I	3	4 B	5	6	7	8	9	10 N	11	12	13
14	15	16	17	18	19	20	21	22	23	24	25	26

Can you reveal a song title from the film Casablanca by transferring the letters to the grid below?

A B C D E F G H I J K L M

6	10	4	1	15 (W)	10 (A)	16 (R)	26	12				20		12
		3		13		3		22		18		23		13
4	3	17	4	22	16	5		25	10	16	10	6	8	22
		9		10		10		10		2		2		22
	24	23	5	5	22	16	22	16		4	3	8	3	17
		22				19		10		5		22		
14	10	16	5	22	16		12	5	16	2	26	22	17	5
				11		8		22		3				
26	2	4	5	10	5	3	16		2	17	7	10	26	22
		16		4		15		3				23		
4	16	23	12	5		8	2	18	22	8	22	12	12	
16		2		2		2		18		8		5		
10	6	12	22	17	4	22		22	16	10	12	22	16	12
21		22		14		12		16		24		16		
19		16				5	22	12	5	10	24	22	17	5

N O P Q R S T U V W X Y Z

REFERENCE GRID

1	2	3	4	5	6	7	8	9	10 (A)	11	12	13
14	15 (W)	16 (R)	17	18	19	20	21	22	23	24	25	26

SONG TITLE FROM CASABLANCA

10	12	■	5	2	24	22	■	14	3	22	12	■	6	19

A B C D E F G H I J K L M

A	B	C	D	E	F	G	H	I	J	K	L	M
▓	5	▓	14	21	16	25	26	22	26	7	10	▓
7	26	6	10	7	▓	4	▓	10	▓	26	24	17
▓	7	▓	24	10	8	26	1	21	6	7	10	▓
17	1	19	10	8	▓	22	▓	11	▓	21	11	9
13	10	21	8	1	19	▓	25	▓	21	16	1	26
17	13	13	▓	▓	21	3	1	10	16	▓	▓	9
22	▓	▓	17	8	1	▓	23	▓	8	21	2	▓
10	▓	18	20	17	1	10	▓	1	17	12	26	16
1	▓	▓	1	10	10	▓	21	▓	11	10	10	▓
10	15	10	▓	▓	8	10	7	21	23	▓	2(P)	21
8	26	24	10	1	25	▓	6	▓	22	17	25	21(A)
25	1	10	10	8	▓	14	▓	1	▓	22	26	1(T)
▓	1	▓	8	26	13	26	16	20	7	10	25	▓
25	10	2	26	21	▓	7	▓	8	▓	9	21	7
▓	11	▓	10	7	10	22	10	11	1	21	7	▓

N O P Q R S T U V W X Y Z

REFERENCE GRID

1	2	3	4	5	6	7	8	9	10	11	12	13
T	P											
14	15	16	17	18	19	20	21	22	23	24	25	26
							A					

Codebreak

When you have completed this puzzle, transfer the letters to the grid below to reveal a proverb.

A B C D E F G H I J K L M

14	20	15	14	4	9	11	9	25	18	▓	25	15	26	23
18	▓	14	▓	14	▓	26	▓	18	▓	26	▓	23	▓	26
4	26	11	2	12	▓	12	26	23	9	1	18	26	18	11
25	▓	11	▓	9	▓	17	▓	22	▓	5	▓	18	▓	14
6	26	9	18	16	13	25	11	▓	19 J	25 O	11 T	11	14	5
▓	▓	13	▓	14	▓	2	▓	26	▓	2	▓	▓	▓	26
13	21	25	15	▓	7	5	14	11	▓	18	26	16	26	23
25	▓	26	▓	5	▓	9	▓	12	▓	4	▓	2	▓	23
23	9	11	5	14	▓	18	25	25	3	▓	16	15	5	22
23	▓	▓	▓	8	▓	14	▓	16	▓	10	▓	14	▓	▓
9	18	7	23	2	20	▓	26	15	15	14	26	5	14	4
16	▓	26	▓	9	▓	6	▓	21	▓	26	▓	16	▓	25
9	18	11	14	5	7	14	5	14	▓	23	26	11	9	18
25	▓	14	▓	14	▓	23	▓	5	▓	25	▓	26	▓	25
18	25	4	14	▓	26	4	24	14	18	11	2	5	14	5

N O P Q R S T U V W X Y Z

REFERENCE GRID

1	2	3	4	5	6	7	8	9	10	11 T	12	13
14	15	16	17	18	19 J	20	21	22	23	24	25 O	26

PROVERB

21	25	18	14	16	11	22	■	9	16	■	11	21	14
■	17	14	16	11	■	15	25	23	9	13	22	■	■

Codebreak

A B C D E F G H I J K L M

	2		8	5	12	22	17	25	6	8	1		25	
19	9	10	22		26	6	17			17	19	22	18	
	21	6	10	23		17	15	23		8	23	17	15	
16	22	10	10	6	22	7		22	13	23	22	15	22	7
12		2		22	26	22		8	22	22		23		6
26			17	15	22		9		17	25	19			8
22	10	17	13		13	22	26	22	15		10	6	25	3
13	17	7	6	15		20	22	25		14	9	14	9	17
6	7	9	10		11	9	15	12	25		7	22	17	13
10			22	15	17		23		17 (A)	8	8			7
22		10		17	24	22		7	6 (I)	13		8		22
8	23	17	25	6	13	17		9	25 (M)	6	23	23	22	7
	9	24	22	7		8	9	12		19	9	9	15	
4	9	13	22			22	3	3			24	17	15	25
	21		23	15	17	7	6	23	6	9	13		8	

N O P Q R S T U V W X Y Z

REFERENCE GRID

1	2	3	4	5	6 (I)	7	8	9	10	11	12	13
14	15	16	17 (A)	18	19	20	21	22	23	24	25 (M)	26

Codebreak 129

A B C D E F G H I J K L M

2	17	13	18	20	16		22		5	9	19	25	14	17
20	6	12	17			3	19	21			25	12	9	25
9	18	17	18		18	12	25	20	21		18	12	21	13
25	17	18	13	19	25	10		8	20(A)	21(R)	13(T)	25	17	21
13			17	21	17			13	17	17				17
18		18	13	17	17	21		16	17	11	20	6		17
	7	19	18		21	20	24	17	11		11	20	4	
7	12	11			8	19	13				15	20	23	
	17	6	16		8	19	8	17	18		20	25	13	
8		17	20	18	17	11		21	17	20	11	18		8
21			10	17	13			26	19	16				20
17	16	20	25	20	13	17		20	17	21	19	20	6	18
3	20	14	17		1	17	20	21	25		21	19	12	13
17	11	19	13			6	19	13			17	11	10	17
21	17	11	12	25	17		16		20	18	18	17	18	18

N O P Q R S T U V W X Y Z

REFERENCE GRID

1	2	3	4	5	6	7	8	9	10	11	12	13 T
14	15	16	17	18	19	20 A	21 R	22	23	24	25	26

Codebreak

	A	B	C	D	E	F	G	H	I	J	K	L	M	
10	9	20		15	18	7	8	20	2	8		9	1	20
7		6	9	18	8			8	9	7	14			9
22		7	5	9	5		2		8	7	16	14		22
	12	20	2	20		7	5	20		12	4	16	20	
20	16	23		2	24	1	4	9	16	20		20	2	7
7	23	6	2			20	16	2			14	3	2	14
13			4	7	1		11		14	16	2			21
2		1	7	8	16	12	6	16	9	5	2	8		16
8			5	2	2		20		2	5	14			8
5	2	2	14			25	2	14		12	7	13	2	
12	7	3		11	8	7	5	16	20	2		17 **B**	7 **A**	14 **D**
	20	2	7	4		8	2	14		17	8	7	5	
26		4	16	2	12		14		4	9	9	20		19
9		2	8	5	2			9	5	23	2			2
9	18	20		12	20	8	16	5	11	3		14	9	11
	N	O	P	Q	R	S	T	U	V	W	X	Y	Z	

REFERENCE GRID

1	2	3	4	5	6	7 **A**	8	9	10	11	12	13
14 **D**	15	16	17 **B**	18	19	20	21	22	23	24	25	26

Codebreak 131

A B C D E F G H I J K L M

14	16	18	10	4		18	10	7		1	2	1	10	4
16		16		18	25	17		18	16	26		23		8
1	6	15		4	17	1	18	4	10	1		1	10	18
10	1	3	6		1	18	4	1	6		18	7	1	25
19	1	4	3			15	8	10			25	4	1	4
	15	8	9	1	25		6		12	3	5	1	15	
18	19	10		9	1	13	1	10	1	15		15	19	1
9			25	8	15	18		8	10	1	25			12
12	1	15		5 P	18 A	6 N	18	7	1	18		4	18	12
	4	18	26	1	6		11		4	25	18	10	25	
4	16	6	1			23	16	24			24	18	4	1
1	15	24	19		21	1	10	18	9		1	13	1	6
6	1	1		22	18	4	1	10	1	15		1	10	1
8		10		18	10	4		12	1	1		9		20
10	3	25	26	19		19	1	25		22	3	25	5	19

N O P Q R S T U V W X Y Z

REFERENCE GRID

| 1 | 2 | 3 | 4 | 5 P | 6 N | 7 | 8 | 9 | 10 | 11 | 12 | 13 |
| 14 | 15 | 16 | 17 | 18 A | 19 | 20 | 21 | 22 | 23 | 24 | 25 | 26 |

Codebreak

When you have completed this puzzle, transfer the letters to the grid below to reveal a Bruce Willis film.

A B C D E F G H I J K L M

A	B	C	D	E	F	G	H	I	J	K	L	M
10	22	23	23	17	22	17	2	4	2	11		20		22
	4		22		6		6		16		21	5	17	7
18	22	25	25	23	2	7	9	5	17	7		24		6
	18		2		4		8		8		15	13	25	2
22		2			18				7			4		4
18	2	12	2	20	5	25		18	2	14	13	2	7	25
9		11			6	4	2	2	11			9		22
8	1	2	12			5		22			17	2	4	5
4		22			7	25	22	4	7			22		12
4	2	4	8	13	25	2		7	10 W	5 I	12 N	11	23	2
2		5			22				2			7		11
12	8	12	2		11		19		22		18		11	
25		24		11	5	24	12	5	25	22	4	5	2	7
23	13	23	23		13		13		2		22		23	
3		3		5	26	17	4	13	11	2	12	25	23	3

N O P Q R S T U V W X Y Z

REFERENCE GRID

1	2	3	4	5 I	6	7	8	9	10 W	11	12 N	13
14	15	16	17	18	19	20	21	22	23	24	25	26

FILM

11	5	2	■	9	22	4	11	■	10	5	25	9
■	22	■	1	2	12	24	2	22	12	6	2	■

*When you have completed this puzzle, transfer the letters to the grid below
to reveal a Thomas Hardy novel.*

A B C D E F G H I J K L M

10	9	26	7	5	21	17	2		22	23	19	23	1	6
16		23		23		9				5		14		13
6	13	24	23	14	7	5	21		17	7	23	19	17	13
21		22		13		21		3		14		7		25
13	5	23	19	17	13	12		16	26	16	17	13	17	13
6		5		13		15		17		12		5		5
		23	12	12	9	1	22	12		23	3	14	13
3		19		12		1		7		19		13		6
23	4	7	12		20	13	23	11	13	1	12			
1		3		9		14		23		9		23		16
23	8	16	23	1	7	23		22	13	23	18	17	13	12
25		12		6		5		7		6		25		15
23	25	25	13	23	17		3	9	11	13	1	23	21	13
3		7		7			5		12		3		1
13	5	6	7	5	21		23	12	15	22	1	23	2	12

N O P Q R S T U V W X Y Z

REFERENCE GRID

1	2	3	4	5 N	6	7	8	9	10	11	12	13
14	15	16	17	18	19 B	20	21	22	23 A	24	25	26

NOVEL

| 22 | 15 | 13 | ■ | 14 | 23 | 2 | 9 | 1 | ■ | 9 | 24 | ■ |
| 3 | 23 | 12 | 22 | 13 | 1 | 19 | 1 | 7 | 6 | 21 | 13 | ■ |

Codebreak

A B C D E F G H I J K L M

18	9	8	4	17		12	5	10		26	1	2	9	14
19			19	3	16	5		9	15	1	11			5
8	18	13	4 **B**	19 **A**	8 **R**	4		17	19	3	1	9	24	16
17		15	1	16	10		20		24	9	11	22		9
18	5	15	9			26	9	21			3	1	9	14
	24	9	17	16	17		19		9	25	9	24	16	
15	9	8		8	9	17	16	5	8	9		7	19	15
19			21	1	14	9		14	19	8	9			13
10	19	15		19	7	9	3	9	17	17		3	9	16
	17	1	14	3	9		19		9	9	8	1	9	
17	18	5	9			6	1	15			5	24	3	10
23		13	8	7	9		8		14	19	16	9		1
13	15	17	1	3	5	24		4	19	3	19	24	11	9
19			14	13	24	9		19	4	9	16			3
16	9	15	9	9		16	5	8		17	9	21	9	14

N O P Q R S T U V W X Y Z

REFERENCE GRID

1	2	3	4 **B**	5	6	7	8 **R**	9	10	11	12	13
14	15	16	17	18	19 **A**	20	21	22	23	24	25	26

Codebreak 135

A B C D E F G H I J K L M

23	4	24	11	12	5	8		13	2	7	9	6	4	23
5			13	5	4	7	24	9	11	22	8			11
7		19	4	22	7	2		24	5	1	8	24		16
26	7	2	7		6	4	2	4	4		12	5	26	4
		7	22	24			4			8	4	7		
4	15	24		4	22	2	7	5	26	4		25	11	4
14		4	5	22	4		17		5	4	7	2		21
12			11		10				4		20			4
9		11	18	11	4		13		7	26	4	23		13
19	4	7		19	5	4	2	7	24	4		5	7	24
		8	7	24			12			24	11	1		
8	7	9	2		17	4	18	7	18		18	7	9	24
7		8	24	7	9	22		18	5	4	4	23		3
26			7(A)	22(N)	24(T)	9	14	12	9	24	1			12
7	25	7	7	23	4	23		24	4	7	8	9	22	26

N O P Q R S T U V W X Y Z

REFERENCE GRID

1	2	3	4	5	6	7 A	8	9	10	11	12	13
14	15	16	17	18	19	20	21	22 N	23	24 T	25	26

136 Codebreak

When you have completed this puzzle, transfer the letters to the grid below to reveal a Greek hero invulnerable except for his heel.

A B C D E F G H I J K L M

9	8	14	23	16	25	8	22	19				12		6
		25		20		9		17		1		19		12
10	16	1	16	8	15	9		18	1	9	11	1	14	19
		3		12		1		19		13		25		7
	26	8	15	25	1	16	19	11		20	1	8	10	16
		19				19		11		23		10		
16	15	12	24	5	19		11	19	2	19	6	16	19	11
				9		8		11		12				
7	12	19	10	10	8	9	14		20	19	1	9	19	11
		17		16		16		10				15		
18	12	1	21	19		19	4	7	12	19	10	10	15	
1		9		1		12		8		9		16		
14	25 L	1 A	11 D	11	19	9		12	19	16	8	12	19	11
14		16		13		1		8		19		8		
13		19				25	8	16	19	12	1	25	25	13

N O P Q R S T U V W X Y Z

REFERENCE GRID

1 A	2	3	4	5	6	7	8	9	10	11 D	12	13
14	15	16	17	18	19	20	21	22	23	24	25 L	26

GREEK HERO

1	6	23	8	25	25	19	10

A B C D E F G H I J K L M

A	B	C	D	E	F	G	H	I	J	K	L	M
	5		10	13	26	15	21	14	8	16	24	3
22	26	21	12			16		8		21	9	8	24
	19		10		21	17	10	24	14		20		14
15	10	21	19	10	13		7		1	10	10	13	10	13
10		13			13	10	14	10	4		10		16
4	16	13	10		10		4		10		16	11 (P)	10	24
14		8		21	4	4	21	12	10	13		10 (E)		16
21	4	15	10	13		26		10		8	24	24 (N)	10	4
8		14		13	10	24	16	14	10	13		13		19
24	21	8	6		7		5		10		18	21	19	1
14		2			8	24	5	10	4			24		8
12	8	10	6	13	19		10		8	24	19	14	10	11
	3		16		14	10	4	19	10		1		2	
25	8	17	19			21		26			16	12	10	23
	19		14	10	19	14	21	20	10	24	14		4	

N O P Q R S T U V W X Y Z

REFERENCE GRID

1	2	3	4	5	6	7	8	9	10 E	11 P	12	13
14	15	16	17	18	19	20	21	22	23	24 N	25	26

Codebreak

A B C D E F G H I J K L M

4	23	6	8	22	1	12	25	▓	19	15	18	18	14	25
23	▓	24	▓	6	▓	25	▓		21	▓	23	▓		14
6	24	21	15	20	6	6	9	▓	21	25	1	14	25	24
12	▓	25	▓	11	▓	2	▓	13	▓	12	▓	14	▓	15
9	6	12	8	25	9	▓	11	6	12	6	7	7	25	12
10	▓	18	▓	9	▓	15	▓	7	▓	14	▓	25	▓	6
▓	▓	7	25	14	5	25	22	2	14	15	3	25	24	
20	▓	1	▓		5	▓	1	▓		25	▓			15
6	20	20	15	12	24	1	15	26	1	7	9	▓		▓
16	▓	25	▓	25	▓	20	▓	25	▓	26	▓	24	▓	14
25	17	2	25	20	9	25	24	▓	9	23	17	25	24	15
19	▓	14	▓	25	▓	12	▓	14	▓	8	▓	26	▓	24
6	12	6	18	1	20	▓	13	6	26	8	14	1	26	8
14	▓	26	▓	21	▓	▓	16	▓	14	▓	6	▓		25
16	1	9	9	25	26	▓	13	25	19	25	14	14	25	12

(Row 5, cells A B C labelled: **T A R**)

N O P Q R S T U V W X Y Z

REFERENCE GRID

1	2	3	4	5	6 A	7	8	9 T	10	11	12 R	13
14	15	16	17	18	19	20	21	22	23	24	25	26

Codebreak 139

A B C D E F G H I J K L M

7	23	12	22	1		15	3	7		13	4	20	4	19
23	3	22		4	4	8		15	19	2		19		3
4	10	23	3	8		12		19		4	10	4	19	23
23	12	4			7	9	17	12	21			23	4	6
	15	19	3	14		17		26		14	6	7	26	
24			26			4	6	23			18			23
17	26	7	4	23	7		14		26	19	6	22	15	4
16	6	12	22		6	25	6	12	8		8	12	3	22
17	22	19	4	7	23		11		2	12	4	8	13	7
7			19			2	4	7		6				4
	18	4	7	23		3		3		6	7	26	7	
8	12	4			11	22	3	14	22			8	6	26
6	26	19	3	22		13		12		3	11	6	26	12
15		12		4	11	4		22	17	22		2		23
4	5	4	15	23		19	17	1		4	7	7	6	2

(In row 7, the letters **R A N** are given.)

N O P Q R S T U V W X Y Z

REFERENCE GRID

1	2	3	4	5	6	7	8	9	10	11	12	13
					A							
14	15	16	17	18	19	20	21	22	23	24	25	26
					R			**N**				

Codebreak

A B C D E F G H I J K L M

3	17	13	3	6	24	3	12		5	8	21	9
25		14		8		8			6		14	
14	25	25	8	2	15	1	26	6 (C)	14 (A)	1 (N)	8	1
24		14		14		16		6		19		24
3	1	6	8	19	3		20	14	19	15	10	14
12		3		12		12		22		1		16
		14	16	16	15	18	15	25	14	24	15	1
14		23			14		1			14		16
6	8	7	1	24	3	19	9	3	15	24	16	
8		15		20		15		24		14		19
7	1	4	3	15	25	3	12		14	22	25	14
16		3		18		16		14		25		26
24	20	19	8	22	16		14	22	5	3	6	24
15		3		25			3		14		14	
6	14	12	26	3	16		16	24	19	7	26	26

N O P Q R S T U V W X Y Z

REFERENCE GRID

1 N	2	3	4	5	6 C	7	8	9	10	11	12	13
14 A	15	16	17	18	19	20	21	22	23	24	25	26

Codebreak 141

A	B	C	D	E	F	G	H	I	J	K	L	M		

1	23	21	11		18	22	9	23	11		14	21	20	18
19		24	18	23	24		16		19	7	21	24		5
11		15	19	17	15	18	17	24	16	23	24	18		18
23	1	25		24	25	18		16	18	20		7	23	17
16	23	12				11	23	12			1	21	24
	4		10	18	18		16		26	9	17		16	
1	23	3	18		6	23	13	18	16		18	23	1	18
13			16	21	6	1		24	23	13	18			11
21	20	18	23		18	1	1	23	12		20	18	23	10
	16		11	18	20		18		1	24	12		2	
4	23	1			10	23	16			2	23	7		
21	7	26		23	26	18		12	18	24		18	16	23
5		23	16	16	23	17	4	18	7	18	17	24		21
							G	E	M					
18		15	21	24	12		9		9	17	21	24		8
1	25	18	20		1	21	17	9	1		26	12	16	18

N	O	P	Q	R	S	T	U	V	W	X	Y	Z		

REFERENCE GRID

1	2	3	4 G	5	6	7 M	8	9	10	11	12	13
14	15	16	17	18 E	19	20	21	22	23	24	25	26

142 Codebreak

A B C D E F G H I J K L M

19	8	14	14	12	22	7		4	9	9	18	9	26	5
	20	8	9		26		23		4		12	26	9	
6	9	16	5		17	25	2	26	9		14	17	21	5
17			5	12	18		17		21	2	8			10
4		5	8	15		11	12	3		5	22	7		8
9	13	9	15	22	5		15		21	9	5	12	16	15
21		15		9		17	22	9		14		9		9
1 **H**	17 **A**	22 **T**	26	9	21		24	9	9	6	14	9		
17		22		9		8	26	22		5		21		2
6	12	8	18	5	7		9		17	5	5	9	22	5
9		26	2	22		8	15	9		14	17	21		2
22			18	5	9	2	21	8	15	7	11			17
5	22	8	18		17	26	9	15	17		18	9	17	14
	9	26	9		26		26		13		14	17	18	
11	17	22	22	12	15	16		26	9	13	9	26	9	21

N O P Q R S T U V W X Y Z

REFERENCE GRID

1 **H**	2	3	4	5	6	7	8	9	10	11	12	13
14	15	16	17 **A**	18	19	20	21	22 **T**	23	24	25	26

Codebreak

143

When you have completed this puzzle, transfer the letters to the grid below to reveal a proverb.

A B C D E F G H I J K L M

		12		15		8		22		20		15	
9	13	3	6	23	20		12	7	25	20	15	22	12	17
	25		2		22		24		15		23		8 P	
17	9	10		6	9	7	3	6	2	6		17	15 R	10
	13		11			1		11		23		20 O	
8	3	24	24	20	19		9	15	22		24	12	9	17
		3		20		26				20		1	
	12	6	8	24	20	10		11	1	20	22	1	25	
	5		8			2		20		22			
25	2	18	12		26	2	26		19	15	12	22	1	25
	9		15		20		19			17		24	
9	22	12		3	21	20	15	3	12	11		14	9	10
	3		9		3		9		9		4		3	
4	20	20	24	11	1	9	8		11	22	12	9	6	10
	26		24		12		11		12		16		

N O P Q R S T U V W X Y Z

REFERENCE GRID

| 1 | 2 | 3 | 4 | 5 | 6 | 7 | 8 P | 9 | 10 | 11 | 12 | 13 |
| 14 | 15 R | 16 | 17 | 18 | 19 | 20 O | 21 | 22 | 23 | 24 | 25 | 26 |

PROVERB

| 12 | 21 | 12 | 15 | 10 | ■ | 1 | 24 | 20 | 2 | 17 | ■ | 25 | 9 | 11 | ■ |
| 9 | ■ | 11 | 3 | 24 | 21 | 12 | 15 | ■ | 24 | 3 | 26 | 3 | 26 | 18 | ■ |

Codebreak

A B C D E F G H I J K L M

7	15	2	23	18	11		15		21	23	21	17	23	19
13		6		20			14			21		6		7
4		10	21	21	23	13	10	7	11	23	12	1		10
20	18	19	6	17	23				23	19	7	15	23	13
18			14	23	12	3		22	7	5	15			23
2	6	26	23	19			8			23	11	16	23	19
11		23		15	3	19	10	11	23	15		7		15
		19			23	7	15	23	12			15		
9		5		7	18	11	16	23	21	15		11		7
20	3	23	18	13			1			10	13	23	7	15
7			23	7	15	23		21	6	12	23			15
18	6	16(H)	6(O)	3(P)	23	19		6	17	23	12	10	24	23
11		23	18	11	23	19	11	7	10	18	23	19		18
20		7		23			7			2		14		11
21	7	12	7	13	1		25		15	23	18	15	23	15

N O P Q R S T U V W X Y Z

REFERENCE GRID

1	2	3 P	4	5	6 O	7	8	9	10	11	12	13
14	15	16 H	17	18	19	20	21	22	23	24	25	26

Codebreak

A B C D E F G H I J K L M

17	8	17	2		26	4	14	22	5		13	15	26	7
4	25	15		10	4	11		25	4	1		11	8	1
25	15	7		8	25	8	1	12	3	2		15	16	15
8	16	8	1	5		19		22		15	9	15	25	26
25			22		5	18	15	7	26		4			7
21		8	20	15		15	9	15		26	16	22	1	14
8	16	14		1			8			23		25	15	15
	8	5	13	18	5	22	12 (C)	8 (A)	7 (T)	22	4	25	26	
4	1	15		11			18			6		15	15	14
1		1	18	7		11	15	7		11	8	1	7	2
8			1		20	14	15	8	6		14			12
12	1	4	25	15		8		1		8	17	8	26	3
14	8	24		25	8	7	18	1	8	14		9	22	15
15	1	15		5	22	15		15	14	14		22	1	15
26	15	25	5		7	1	8	5	15		4	5	15	26

N O P Q R S T U V W X Y Z

REFERENCE GRID

1	2	3	4	5	6	7 T	8 A	9	10	11	12 C	13
14	15	16	17	18	19	20	21	22	23	24	25	26

Codebreak

When you have completed this puzzle, transfer the letters to the grid below to reveal a quote from Hamlet.

A B C D E F G H I J K L M

26	16	13	25	20	3	21	4		24	13	14	13	21	18
21		7		18		13			18		22			3
9	22	20	1	11	21	19	4		13	21	7	24	20	7
14		18		16		20		11		20		3		13
14	13	20	16	20	1	1		14	13	1	1	16	3	18
10		7		25		20		4		24		11		3
		14	3	13	7	23	3	4		4	6 **P**	20 **I**	22 **N**	
12		13		4		13		2		14		3		24
13	15	16	3		13	24	24	9	22	3	18			
17		8		6		20		20		21		18		9
14	21	13	5	13	18	11		11	19	20	22	11	9	4
11		16		21		22		9		14		17		9
22	13	20	16	3	18		13	4	4	3	4	4	11	21
3		22		22			16		21		3			3
4	23	3	3	24	4		7	10	16	20	22	18	3	21

N O P Q R S T U V W X Y Z

REFERENCE GRID

| 1 | 2 | 3 | 4 | 5 | 6 **P** | 7 | 8 | 9 | 10 | 11 | 12 | 13 |
| 14 | 15 | 16 | 17 | 18 | 19 | 20 **I** | 21 | 22 **N** | 23 | 24 | 25 | 26 |

QUOTE

| 24 | 11 | ■ | 14 | 3 | ■ | 11 | 21 | ■ | 22 | 11 | 24 | ■ | 24 | 11 | ■ | 14 | 3 | ■ | ■ |
| 24 | 23 | 13 | 24 | ■ | 20 | 4 | ■ | 24 | 23 | 3 | ■ | 2 | 9 | 3 | 4 | 24 | 20 | 11 | 22 |

Codebreak

A B C D E F G H I J K L M

8	24	19	18	21	16	14		24	1	15	21	12	14	12
24	13	16			10	2	19				14	2	16	
26	10	16	12		22	16	13	14	12		23	16	14	24
14	16	1		12	24	7	1		19	16		16	16	13
10	19	12	16	14	12			24	25	16	7	12	16	
23			24	12	12	21	24	20	16			7		
16	19	14	16	7		10		21		19	2	14	16	12
	16	2	19		2	23	2	19	16		6	24	20	
5	16	7	1	12		16		14		16	19	7	2	13
24			10	19	12	10	12	14	12			10		
19 (N)	16 (E)	20 (G)	24	14	16			24	26	26	24	13	12	
4	16	19		16	11	24	17	14	13	3		8	24	14
16	7	2	12		14	7	24	10	13		17	24	12	16
7	10	22			10	7	16			14	16	19		
12	16	16	14	5	14	1		1	10	9	9	16	7	12

N O P Q R S T U V W X Y Z

REFERENCE GRID

1	2	3	4	5	6	7	8	9	10	11	12	13
14	15	16 (E)	17	18	19 (N)	20 (G)	21	22	23	24	25	26

SOLUTIONS

PUZZLE 1

PUZZLE 5

Laughing Cavalier

PUZZLE 9

PUZZLE 2

Somewhere Over The Rainbow

PUZZLE 6

PUZZLE 10

A Spaniard in the Works

PUZZLE 3

Excalibur

PUZZLE 7

PUZZLE 11

PUZZLE 4

PUZZLE 8

Sagittarius

PUZZLE 12

Julie Walters

SOLUTIONS

PUZZLE 13

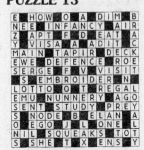

PUZZLE 17

Trinidad

PUZZLE 21

Keith Richards

PUZZLE 14

PUZZLE 18

PUZZLE 22

PUZZLE 15

And God Created Woman

PUZZLE 19

The Hunchback of Notre Dame

PUZZLE 23

PUZZLE 16

PUZZLE 20

PUZZLE 24

SOLUTIONS

PUZZLE 25

PUZZLE 29

PUZZLE 33

PUZZLE 26

PUZZLE 30

PUZZLE 34

The Leaning Tower of Pisa

PUZZLE 27

PUZZLE 31

PUZZLE 35

PUZZLE 28

Charlie Parker

PUZZLE 32

PUZZLE 36

Copenhagen

PUZZLE 37

```
C A R D S   F R O   E Q U I P
A   E   O W E   C O S   N   S
J A M   L A D D E R S   I C E
O   O   A G O   L E A   T   U
L O V E R   R   O   Y I E L D
E R E   H A S T E   D U O
    A   E K E   A   M O W   R
S N U B   A Z U R E   E X I T
G   B A R   C   N U T   D
L E I   T W E E D   A L E
A S S E T   A   S   C A L Y X
B   S   E L F   C A R   T   O
E M U   N I T R A T E   E N D
L   E   S E E   P E P   R   U
S I D L E   D Y E   T E S T S
```

PUZZLE 38

```
E V A N G E L I C A L   B   A
E   A M   R   M   F L O P
A S P I R A T I O N S   I   H
T   L   N   S E   S T A R
F   A     A     S   Z   O
R E C A N T S   S T A C K E D
E   H   E N E M Y   R   I
Q U I Z   O   E   K I S S
U   E   S W E L L   I
E N V I O U S   L A S A G N A
N   B   B   X   S   C
T O M B   J   H N E A
I   E   S E D I M E N T A R Y
N O N E   C   N   S U I
G   T   S T A T I S T I C A L
```

PUZZLE 39

```
    B   T   S H A R K   A   Q
J O K E S   O   E   F R A U D
    W   A C R O B A T I C   I
F L Y   A   F   L E   I C Y
S E L L S   N   B L A N K
A   S   P L E A S E D   Q   S
M I T E   A N G L E   G U S T
U   E   A N T   A C T   I
S A R I   T E N T H   U R G E
E   D   P E R U S E D   I   R
    V A L I D   B   S A I N T
W A Y   P   M   F   Z   G U N
    S   D E V E L O P E R   T
R E F E R   T O   D A V I T
S   N   T E X T S   W   P
```

PUZZLE 40

```
D E M O T E   A G I T A T E D
I   U   R   R O   I   R
S U N D A Y S   I M P U L S E
T   D   C Q N   S   L   A
E L A T E   U N D O   H A R M
N   N   A   J   G   S
D R E S S E R   T R O W E L
S   A   E O   K   S
S P I T E D   P R E V E N T
C   L   E   P   M   A
A F A R   Z E A L   T U B E R
S C   F E E U   R T
T R A W L E R   D E F L A T E
L   T   I I   T   C R
E X E M P T E D   U S H E R S
```

Mozzarella

PUZZLE 41

```
A   T E L E V I S E D   E
A S P I R E   I   A K I M B O
K   P R E S E N T E D   B
F E D   S   O A D   H E N
I D E A   C R A Z E   J A D E
G   F I R   E V E   C A R   W
S T Y L E S   E   B E R E T S
W   P L A N T E D   I
C O N V E Y   G   G E Y S E R
L   O I L   S E W   S E T   E
A Q U A   I N D E X   T O R N
P U N   F   U S A   P E T
A   C O M B A T A N T   V
K I M O N O   X   C O O L E R
L   S T A T E M E N T   L
```

PUZZLE 42

```
K E E P   E S S A Y   F I Z Z
I   A I R Y   C A V E   J A D E
N   A R R A N G E M E N T   E
D I P   E   T   X   R A T
S P A   R A P I D   B A N
A L E   L E X I C O N   D O E
B E A D E D   Q   T A P I N G
A   R O D   U   M E T   R
S H A G G Y   A   D E R I V E
H E N   E A R N E R S   O A T
I C Y   K I T T Y   I N N
A R E A   M   H   W   A S H
J   S A C R I F I C I A L   O
A   S T Y E   C U T S   W
R E E K   E R A S E   P O O L
```

PUZZLE 43

```
Q U E S T I O N   Z I P P E R
U   L   I   A   N   A E
I N U N D A T E   E V E N E D
V   D B S   B A D E
E Y E L I D   C O L D N E S S
R   D T J I E M I
    E S T A B L I S H I N G
S   A   C   E   C N
C A N T A N K E R O U S
H Y U D S M D K
E X T E R N A L   A P I E C E
D H E W R I E E
U N I S O N   F E R R Y M A N
L N L   A E E E
E A G L E S   C R U S A D E R
```

PUZZLE 44

```
Z O O   M E R G E R S   M O A
I   L O I N   A   U N T O   X
P R I N T S   Z   B E A D L E
O V E R   F E N   E P E E
T E E   E R E   O A R   L E D
A S S   E D I T S   S K Y
S   A M P   C   C A R   N
T A X I   T R I B E   A R E A
I   L E I   N U N   S
E R A   L I G H T   J E T
R I B   T E N   A S P   I V Y
C O T E   K E Y   R O V E
H E R O E S   C   F A R I N G
E   T O N E   A M E N   I
W A S   S E Q U I N S   G U N
```

PUZZLE 45

```
S W E E T E N E D   M   V
Q   A   U E D A   E
T R U S S E D   C O R N I E R
A   T   I O I L   V
O B S E S S E D   Z A I R E
L   T   I Z   N
B L E N C H   A N A L O G U E
A   H G   E
T U E S D A Y S   A D J U S T
X   E P E   N
F U T O N   N O T E C A S E
A E C O   C A L
C O N C E I T   H A C K I N G
E T S   I E T N
T S   C A R R I A G E S
```

Arthur Miller

PUZZLE 46

```
P R E C E D E   M A X I M U M
R I P   A   I S   I R E
O D E S   B A C K S   E R N E
J E E P S   B E E   C R E S T
E   Y O K E   L I R A   I
C O G   A   T O P   E   F I N
T   R A R E   Z   E W E R   G
H I P   V I O L A   B I B
Q   M E T E   N   R O B E   S
U S E   O   E E L   X   D E W
A   A S K S   A X E D   E
R I F T S   P A W   N U R S E
R O L E   L Y I N G   D I E T
E T A   E L O   F E E
L A N G U I D   P O S T E R N
```

PUZZLE 47

```
M A R Z I P A N   A B L A Z E
A   O N R   E D A
J A U N D I C E   B E G E T S
O B I H C F Q T
R E L I C S   S O L I T U D E
S E T E V E A R
    A S Y M M E T R I C A L
E A   P R   Y Y
D I S E M B O W E L E D
I S A W D X S E
F I A S C O E S   P A C K E R
I U R R B C A A
C O L L A R   C A N T A T A S
E T M R E E E
S Y S T E M   A N O D I S E D
```

The Silence of the Lambs

PUZZLE 48

```
T U F T E D   S   S L E D G E
R   A L E   K   P A R   G
E   B A P T I Z I N G   R
B E E   T O O   I R E   D O E
L A N T E R N   P E S T E R S
E R S E   T Q S   O P T S
H A G   B U S   E R A
J A R   E Q U A T O R   R E V
I L L   T R Y   R A T
E R N E   G T L   G U M S
N E E D L E D   C A B A R E T
A D D   A N Y   A C E   E W E
C   A T T E M P T E D   A
T   P E R   I   I R E   L
S E N T R Y   X   C Y N I C S
```

SOLUTIONS

PUZZLE 49

PUZZLE 53

PUZZLE 57

PUZZLE 50

PUZZLE 54

PUZZLE 58

PUZZLE 51

PUZZLE 55

PUZZLE 59

PUZZLE 52

PUZZLE 56

PUZZLE 60

SOLUTIONS

PUZZLE 61

PUZZLE 65

PUZZLE 69

PUZZLE 62

PUZZLE 66

PUZZLE 70

Donald Duck

PUZZLE 63

PUZZLE 67

PUZZLE 71

PUZZLE 64

PUZZLE 68

PUZZLE 72

SOLUTIONS

PUZZLE 73

PUZZLE 77

PUZZLE 81

PUZZLE 74

PUZZLE 78

PUZZLE 82

PUZZLE 75

PUZZLE 79

Song: When I Fall In Love

PUZZLE 83

PUZZLE 76

Quote: So little done, so much to do

PUZZLE 80

PUZZLE 84

Novel: The Hunchback of Notre Dame

SOLUTIONS

PUZZLE 85

Book: Little Women

PUZZLE 89

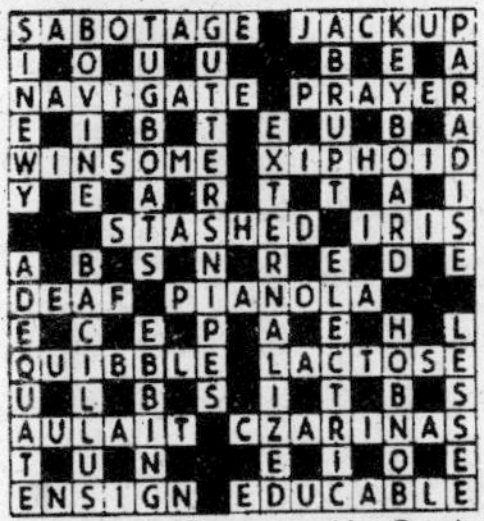

SABOTAGE JACKUP ... (crossword grid)

Songwriters: George and Ira Gershwin

PUZZLE 93

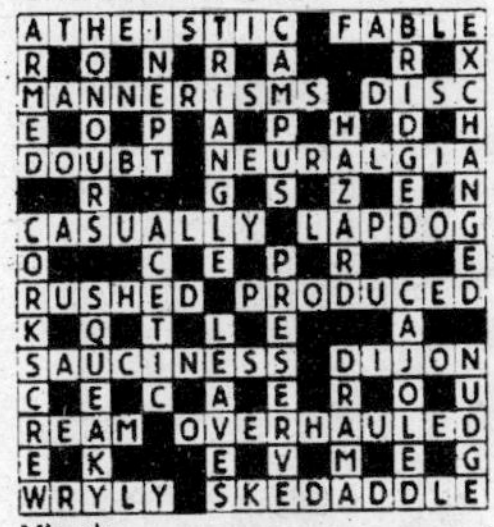

ATHEISTIC FABLE ... (crossword grid)

Miracle

PUZZLE 86

SHUDDER FREEDOM ... (crossword grid)

PUZZLE 90

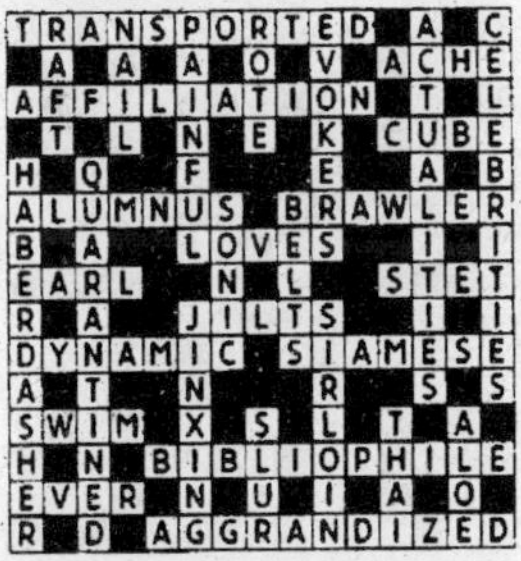

TRANSPORTED AC ... (crossword grid)

PUZZLE 94

ACCESS MATRON ... (crossword grid)

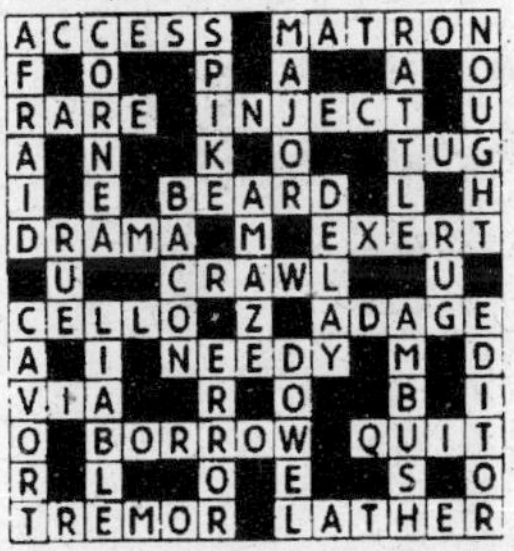

PUZZLE 87

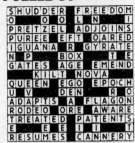

The Leaning Tower of Pisa

PUZZLE 91

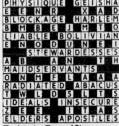

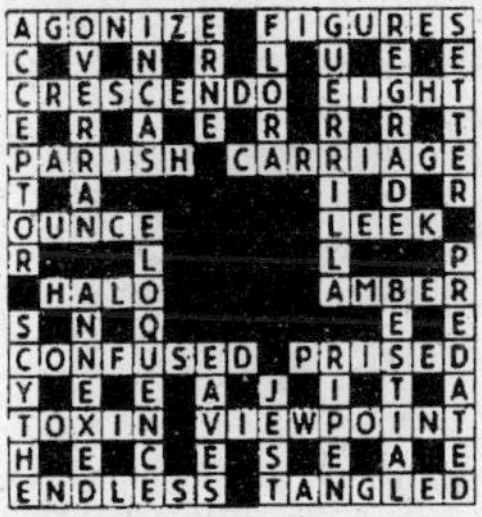

PUZZLE 95

PUZZLE 88

PUZZLE 92

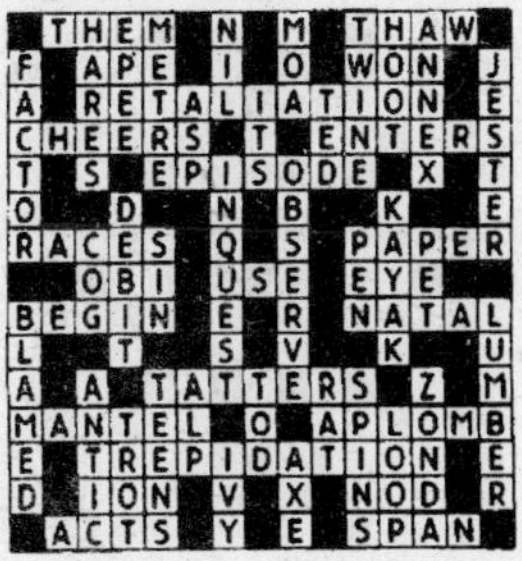

THEM N M THAW ... (crossword grid)

PUZZLE 96

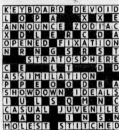

Tales From The Vienna Woods

SOLUTIONS

PUZZLE 97

PUZZLE 98

The Naked Civil Servant

PUZZLE 99

PUZZLE 100

PUZZLE 101

Albert Einstein

PUZZLE 102

PUZZLE 103

Whatever Happened to the Likely Lads

PUZZLE 104

PUZZLE 105

PUZZLE 106

PUZZLE 107

PUZZLE 108

SOLUTIONS

PUZZLE 109

PUZZLE 113

PUZZLE 117

PUZZLE 110

PUZZLE 114

Whatever Happened to Baby Jane

PUZZLE 118

Hark the Herald Angels Sing

PUZZLE 111

PUZZLE 115

PUZZLE 119

Mike Atherton

PUZZLE 112

PUZZLE 116

Artisan

PUZZLE 120

SOLUTIONS

PUZZLE 121

Animal Farm

PUZZLE 122

PUZZLE 123

PUZZLE 124

PUZZLE 125

As Time Goes By

PUZZLE 126

PUZZLE 127

Honesty is the best policy

PUZZLE 128

PUZZLE 129

PUZZLE 130

PUZZLE 131

PUZZLE 132

Die Hard with a Vengeance

SOLUTIONS

PUZZLE 133

The Mayor of Casterbridge

PUZZLE 134

PUZZLE 135

PUZZLE 136

Achilles

PUZZLE 137

PUZZLE 138

PUZZLE 139

PUZZLE 140

PUZZLE 141

PUZZLE 142

PUZZLE 143

Every cloud has a silver lining

PUZZLE 144

SOLUTIONS

PUZZLE 145

```
BABY   SOLID JEST
ONE  FOP NOR PAR
NET ANARCHY EWE
AWARD Q I EVENS
N   I DUETS O  T
Z AGE EVE SWIRL
AWL  R  A K  NEE
 ADJUDICATIONS
ORE  P  U  M EEL
R RUT PET PARTY
A  R GLEAM L  C
CRIONE A R ABASH
LAX  NATURAL VIE
ERE DIE ELL IRE
SEND TRADE ODES
```

PUZZLE 146

```
GLAZIERS TABARD
R  CD A   D NE
UNIFORMS ARCTIC
B D L  I O E A
BAILIFF BAFFLED
Y C Z I S T  O E
 BEACHES SPIN
J AS A Q B ET
AXLE ATTUNED
W K P  I R D U
BRAVADO OMINOUS
O L R N U B W U
NAILED ASSESSOR
E N N  L R E E
SHEETS CYLINDER
```

To Be Or Not To Be That Is The Question

PUZZLE 147

```
BANQUET ADJUSTS
ALE  ION  TOE
PIES MELTS ZETA
TED SARDINE EEL
INSETS  AVERSE
Z ASSUAGE   R
ENTER I U NOTES
 EON OZONE WAG
HERDS E T ENROL
A  INSISTS  I
NEGATE  APPALS
KEN EXACTLY BAT
EROS TRAIL CASE
RIM  IRE  TEN
SEETHED DIFFERS
```